ÉVOLUTION

DES

IDÉES RELIGIEUSES

DANS LA MÉSOPOTAMIE ET DANS
L'ÉGYPTE,

DEPUIS 4400 JUSQU'A 2000 AVANT NOTRE ÈRE.

ÉTUDE HISTORIQUE

PAR

R. C. D'ABLAING VAN GIESSENBURG.

AMSTERDAM,
LA MAISON R. C. MEIJER.
Damrak 97.
1889.

À la Bibliothèque nationale
— Paris
Hommage de l'auteur

Amsterdam 16 Août 1889. R. C. d'Ablaing vl

ÉVOLUTION
DES IDÉES RELIGIEUSES.

INTRODUCTION.

En souscription à la Maison R. C. MEIJER (Librairie française et italienne) Damrak 97 à Amsterdam.

DE L'ÉVOLUTION

DES IDÉES RELIGIEUSES DANS LA PALESTINE

PAR

R. C. D'ABLAING VAN GIESSENBURG.

Tome I. Introduction: Évolution des Idées religieuses dans la Mésopotamie et dans l'Egypte, depuis 4400 jusqu'à 2000 avant notre ère . . Fr. 5.—

Tome II. Évolution des Idées religieuses dans la Palestine jusqu'à la captivité de Babylone. 350 pages environ (*en préparation*) . . . . . . Fr. 10.—

Tome III. Évolution des Idées religieuses dans la Palestine, depuis la captivité de Babylone jusqu'à la destruction de Jérusalem par les Romains. 400 pages environ (*en préparation*). Fr. 10.—

L'ouvrage sera imprimé sur papier de Hollande et ne sera tiré qu'à 500 *Exemplaires numérotés.*

ÉVOLUTION

DES IDÉES RELIGIEUSES

DANS LA MÉSOPOTAMIE ET DANS
L'ÉGYPTE,

DEPUIS 4400 JUSQU'À 2000 AVANT NOTRE ÈRE.

ÉTUDE HISTORIQUE.

PAR

R. C. D'ABLAING VAN GIESSENBURG.

AMSTERDAM,
LA MAISON R. C. MEIJER.
Damrak 97.
1889.

Typographie de G. J. Thieme, Arnhem.

LA période dont j'ai à m'occuper dans cette Introduction n'appartient déjà plus aux temps préhistoriques, quoiqu'elle ne fasse pas encore partie des temps historiques. Elle comprend ce que l'on pourrait appeler l'époque de l'histoire relative, une histoire qui est basée sur des faits dont l'exactitude ne peut plus être contestée, mais qui, en majeure partie, ne saurait encore être reconstruite que par des conjectures plus ou moins hypothétiques. Ces conjectures, il est vrai, peuvent être le résultat de laborieuses recherches et d'intelligentes observations et en ce cas elles peuvent revêtir le caractère d'une grande vraisemblance, mais elles ne pourront être rangées parmi les vérités historiques que lorsque des témoignages irrécusables seront venus y apposer le sceau de la science.

Au commencement de notre siècle on était convaincu que de pareils témoignages ne seraient jamais acquis; de nos jours cette conviction n'existe plus. Des moyens de contrôle, dont les plus savants de nos devanciers ne soupçonnaient pas même l'existence, sont maintenant à la disposition de quiconque veut s'occuper un peu sérieusement de l'étude de l'histoire ancienne.

Aux recueils de souvenirs plus ou moins effacés, que nous ont légué les historiens primitifs dans leurs récits traditionnels et dans leurs légendes, sont venus se joindre les proclamations officielles, les inscriptions sépulcrales, les traités scientifiques, les instructions et les rapports peints ou gravés sur une foule de monuments de l'Egypte, ou bien inscrits sur de nombreux stèles et cylindres cuits de la Mésopotamie, qui font aujourd'hui l'ornement le plus précieux de nos musées d'antiquités. Ces textes, jadis intraduisibles, livrent peu à peu à des chercheurs infatigables les secrets de leurs hiéroglyphes ou de leur écriture cunéiforme et la connaissance de l'histoire relative progresse à mesure qu'on parvient à déchiffrer ces documents contemporains.

L'étude comparée que j'entreprends en ce moment est en grande partie dûe aux lumières qu'on a su tirer des trésors historiques retrouvés par Botta, Layard, Mariette, Lepsius, Maspéro et d'autres fouilleurs intelligents. Cette étude semblera hardie, téméraire, on la trouvera pleine d'erreurs, on ne l'accueillera pas favorablement, et il y a lieu de croire qu'on n'aura pas tort. Aussi je nai pas la prétention d'être un savant, et si je publie ce qui me semble approcher de la vérité, ce n'est qu'afin que de plus compétents que moi puissent profiter des observations dont la justesse sera reconnue, et corriger les erreurs — s'ils trouvent que l'ensemble en vaut la peine.

Amsterdam, 27 Février 1889.

R. C. d'Ablaing van Giessenburg.

I.

L'HOMME, vers la fin des temps préhistoriques, avait déjà atteint un degré de civilisation assez élevé. Ses actions avaient cessé de n'être que des effets de mouvements réflexes inconscients; mainte fois même elles provenaient d'une décision prise après que l'intelligence avait passé en revue des impressions gravées dans la mémoire, et elles tendaient vers un but tracé par les conseils de l'expérience. Ses sympathies et ses antipathies n'étaient plus des manifestations instinctives du tempérament à la suite de sensations agréables ou désagréables, elles se présentaient déjà à son esprit comme des conséquences de certains motifs définis.

Une longue habitude de distinguer des objets avait éveillé chez l'homme le sens de la comparaison, qui lui fit remarquer des particularités et constater des différences de forme, de propriétés et de qualités. De même que la vue des objets avait amené leur dénomination, l'observation des caractères distinctifs avait nécessité de nouvelles combinaisons de sons pour en fixer et en reproduire l'idée.

L'homme d'il y a 7000 ans a dû parler une langue sufisamment développée pour qu'il parvînt à communiquer sa pensée et à saisir celle d'autrui. Il doit avoir su apprécier et juger, louer et blâmer puisqu'il vénéra déjà, quoiqu'il n'adorât pas encore.

L'origine de la vénération n'a pu être la même partout. Elle a dû être en rapport intime avec la nature du milieu dans lequel se développa l'intelligence du vénérateur.

Dans les contrées fertiles de l'Asie centrale et méridionale l'homme a de bonne heure dû comprendre que c'était à la terre qu'il devait les céréales et les racines dont il se nourrissait, le bambou et l'atap avec lesquels il construisait sa cabane, les fibres dont il tissait ses toiles, les fleurs qui lui servaient de parure. Cette compréhension a dû le porter à être reconnaissant à la terre, à l'aimer, à la vénérer. Dans sa langue primitive, extrêmement pauvre encore, il désignait alors par le son **A** ce qui causait son étonnement, sa joie, son admiration; l'objet de la vénération devint l'**A** par excellence.

Les peuples qui habitaient des contrées traversées par de grands fleuves, ou qui avaient choisi leur domicile aux environs de lacs poissonneux se faisaient pêcheurs, et ils appliquaient à l'élément qui leur fournissait les moyens de prolonger leur existence, à l'eau qu'ils vénéraient, le même nom laudatif **A**.

Le poète Hindou paraît s'être souvenu de ce nom original de l'objet vénéré, lorsqu'il fait dire à Krishna, énumérant ses perfections : «Parmi les lettres de l'alphabet je suis la lettre **A**.» (1)

Tandis qu'au delà de l'Indous les idées restaient longtemps stationnaires, dans l'Asie centrale le progrès s'accentuait graduellement. Il est impossible de suivre ce progrès pas à pas ; mais vers le commencement de l'époque qui fait le sujet de la présente étude la langue des habitants de la contrée que baignent les eaux du Tigre et de l'Euphrate s'était déjà enrichie au point que les différentes particularités du sol, que l'eau et que le feu étaient désignés par des mots spéciaux. Tous ces mots étaient dérivés du son **A** par lequel on exprimait l'idée primitive.

La terre qui produisait des céréales et des racines mangeables portait le nom d'**Am**, ou d'**An**, et ceux qui vénéraient la terre sous ce nom étaient désignés sous l'appellation d'Amou, dont le mot hébreu אֲנָמִים (anamîm) parait être dérivé.

---

(1) Bhagavad Gita, traduction anglaise de Kâshinath Trimbak Telang M. A. Oxford 1882. page 91.

La terre couverte de forêts portait le nom d'**Ad**. Ce mot peut être considéré comme la racine du nom des Adites, que l'on retrouve parmi les tribus perdues des Arabes primitifs.

Les hauts plateaux, les montagnes et les rochers portaient le nom d'**Ar**.

L'eau se désignait alors par le mot **Ab**, d'où Abii, vénérateurs de l'eau.

Au feu on donnait le nom d'**As**.

Am, **Ad**, **Ar**, **Ab** et **As** se retrouvent plus tard dans une quantité de noms dont ils sont évidemment les racines. On les rencontre seuls (1) ou combinés (2). Quel-

---

(1) **Am.** l'*Am* inférieur, nome du Delta égyptien. — *Ama*, nom populaire de la déesse Bhavani, l'épouse de Shiva. — *Amma*, déesse phrygiène. — *Ammaoush*, pays soumis par Tougoultipalesharra.

Ad. *Ad* ou Aada, que la tradition arabe fait tantôt fils d'Amlik, tantôt fils d'Aous, fils d'Aram, fils de Sem. — *Aditiah* (désert d'Adi) nom que la tradition arabe donne au désert dans lequel les Hébreux, d'après elle, auraient erré quarante jours.

Ar, racine de mots équivalants de «terre» en diverses langues : *Arta* en pehlevi, ארעא en

quefois ces noms sont suivis ou précédés

---

chaldéen, אֶרֶץ en hébreux. — *Arya's* (Hommes du pays montagneux). — *Argis*, ville en Arménie. — *Ariha* (Jéricho). —

Ab, dans le sens d'eau, de fontaine, de rivière, se retrouve dans la langue persane, p. ex. en *Ab-*Zendegian, (fontaine de vie ou de jouvence), en *Ab-*Zenderoud (fleuve d'eau vive). Ce mot primitif a également été conservé en *Ab-*Amou, vulgairement dit Abiamou, nom que les anciens donnaient au fleuve Oxus, en *Nilab* (le fleuve Nil), en *Sindab* (le fleuve Indous) en *Pengiab*, autre nom ancien de l'Indous, un nom qui signifie: «les cinq rivières», l'Indous étant formé par l'affluent de cinq rivières. — *Apou* (le b. modifié en p.), eau en samskrit. — *Abii*, les adorateurs de l'eau, qui habitaient une contrée à l'orient du pays des Massagètes. —

As, racine du nom *Asa*, qui correspond au mot zend *Asha*, pureté. — *Ascalon*, — et plusieurs noms commençant par Ash.

(2) *Amada*, connu par un temple de Thoutmos III. — *Amadie* (la Médie). — *Amasis*.

Adam. — *Adn* (Ad-An), nom du paradis terrestre (l'Eden de la légende hébraïque), que les Arabes placent dans l'Yemen, où se trouve encore de nos jours une ville du nom d'Aden. — *Damas* (Ad-Am-As). — *Adar*, le dieu Ninib et des mots **Al** ou **El** (Seigneur), **Ac**, forme pri-

---

l'ized mazdéen du feu. — *Atesh* (Ad-As), feu en persan.

Aram, ancien nom de la Syrie. — *l'Aramée*. — *Arminiah* (Ar-Am-niah), l'Arménie. — *Armeni-Daghi*, le mont Ormenius en Bithynie. — *Arad*, ville de la Syrie septentrionale. — *Arden* (Ar-Ad-An), le Jourdain. — *Arabie*. — *Ares* (Ar-As), Mars, et probablement *Ahouramazda* (Ar-Am-As-Ad).

Aban, le nom de l'ized de l'eau du Mazdéisme, au dire de M. Kleuker, est dérivé du mot zend «Abisch,» qui signifie : eau. ([a]) M. Hyde prétend que par ce mot on désignait un attribut de la divinité, ce dont il est vertement tancé par M. Kleuker, qui ne trouve aucun rapport entre l'eau et la divinité. ([b]) M. Hyde en cette matière était donc bien plus perspicace que ne le fut son irascible contradicteur. — *Abana*, nom d'une rivière de la Syrie damascène. — *Abar* et *Abadj*, mots par lesquels en langue pehlevi on désignait les parties sexuelles de l'homme et de la femme. — *Abram* (Ab-Ar-Am).

Asar, *Assour*, *Sar* (abréviation d'As-Ar), hauteur splendide, prince. — *Ashera*, (probablement le feminin d'*Asar*) nom d'une déesse babylonienne. — *Asarabad*, le 13ᵉ et dernier successeur de Mahabad. — *Sara*, princesse.

(a) Kleuker's Zend avesta supplément I 152. (b) *idem*.

mitive d'*aga* (puissant), **Maha** (grand), **Melek**, contraction de *Maha-el-ac* (Roi) (1).

Ailleurs ces noms sont répétés pour ren-

---

(1) *Elam*, ancien nom de la Susiane. — *Abel*, modifié en *Abil*, le nom que porta une des tribus des Arabes purs. — *Allat*, déesse des anciens Arabes. — *Ariel* et *Azael*, noms d'anges. — *Arlat* (Ar-Al-Ad) première tribu des Turcs au delà du Gihon. — *Arzeroum*, ou Erzeroum, nom corompu d'*Arzalroum*, en langue arabe «Terre des Romains». — *Aleb* (Al-Ab), Aleppo, ville de Syrie. —

Aimac, penates des Tatars. — *Accad*, ou *Agad*, royaume mésopotamien. — *Artak* (Ar-Ad-Ac), montagne du Turquestan. — *l'Acrabatine* (Ac-Ar-Ab-Ad-Am), canton de la Palestine. — *Ecbatane* (Ac-Ab-Ad-Am), capitale de la Médie. — *Bakhdî* (Ab-Ac-Ad), la Bactriane. — *Bacchus* (Ab-Ac-As). — *Arshac* (Ar-As-Ac), l'Arsaces des Grecs. — *Ascalon* (As-Ac-Al-Am). —

Mahabad (Maha-Ab-Ad), fondateur légendaire de la première dynastie persane. — *Maha-Beli* (Maha-Ab-Al), roi de la même dynastie. — *Mas* (Maha-As), en samskrit «lune». —

Abimelech (Ab-Melek). — *Amalek* (Am-Melek). — *Malkam* (Melek-Am). — *Melchisedech* (Melek-As-Ad-Ac).

forcer le sens, ce qui équivaut à l'expression de notre idée «par excellence». (1)

Le son **a**, par suite d'une prononciation différente, en passant par la bouche des peuples s'avoisinant dans la direction orientale, se convertit successivement en **oa (va)**, **ô** et **ou**.

Ces sons, comme racines de mots d'une origine relativement récente, se rencontrent seuls (2) ou combinés avec les lettres **m, d, r, b** et **s** (3).

---

(1) *Amam*, peuple de la Nubie. — *Amman*, divinité des Ammonites. — *Amman* Kishibar, dieu des Élamites. — *Anamîm*, peuple légendaire de la Palestine. — *Adites* (Ad-Ad), tribu arabe. — *Ararat* (Ar-Ar-Ad), la montagne par excellence. — *Babel* (Ab-Ab-Al). —

(2) *Conciva*, nom que les Thibétains donnent au dieu «qui a été de toute éternité» (ᵃ). — הוה (*Hava*, être.) — חוה (*Chava*, qui est). — יְהֹוָה (*Jehova*, qui sera). —

Jao, nom de l'empereur sous le règne duquel eut lieu le déluge chinois. —

Hou ou *Heâ*, dieu mésopotamien. — *Ahou*, le monde, en langue zend. —

(3) *Vad* (Aod ou Ad) divinité arabe (ᵇ) et ized

(a) F. Majer. Allgemeines mythologisches Lexicon I. 393. (b) *idem* I. 101.

La vénération du sol s'accrut à mesure que l'homme continua à se rendre compte de ce qu'il devait à la terre. Elle s'accentua le plus parmi ceux qui habitaient les vallées fertiles, où le sol était pour ainsi dire le producteur immédiat de la nourriture de l'homme. Peu à peu le sentiment sympathique se définit; une comparaison s'établit entre les objets vers lesquels l'observateur novice se sentait attiré. L'homme reconnut une analogie surprenante entre l'action de la terre qui lui fournit les moyens de conserver sa vie, sa force et sa santé, et l'action de celle qui lui avait donné la vie, qui l'avait nourri, qui l'avait soigné, surveillé, protégé, tant que faible et besoigneux il n'avait pu se suffire à lui-même. La conception du rôle identique que ces deux bienfaitrices jouaient avec un égal

---

ou génie du Mazdéisme. — *Vâta* et Vajou, en samskrit : souffle ou vent et souffleur ou venteur. —

Varouna, divinité hindoue. Les Grecs ont transformé ce nom en : Ouranos. —

Vasou, en samskrit : resplendissant. — *Shiva*. —

Les combinaisons avec ô et ou se rencontreront souvent dans les chapitres suivants.

désintéressement, opéra dans son esprit une fusion d'idées. La terre revêtit en sa pensée le caractère d'une mère génératrice, et dans le sentiment qui l'attira vers elle il reconnut l'amour filial. Depuis ce moment, dans sa langue à peine ébauchée, le mot **Am** servait tantôt à désigner la terre, tantôt à désigner celle qui l'avait porté dans son sein (1), mères toutes les deux.

Quand, par extraordinaire, il arriva que les épis se desséchèrent au lieu de mûrir, que les arbres ne portèrent que de rares fruits mal venus, que les végétaux rabougris ployèrent leur tige et laissèrent pendre leurs feuilles, quand un temps de disette était à prévoir, les hommes en détresse s'imaginèrent que la bonne mère, dans un moment de colère, ne se souciait plus de ses enfants, et ils essayèrent de la fléchir. Puis lorsque les causes de la stérilité avaient cessé d'exister, et que la bonne mère, en reverdissant, reprenait son oeuvre de produc-

---

(1) Mère, en langue pehlevi **Am** ou **Amider**, en hébreux אם.

tion, ses enfants rassurés rendirent grâce de la clémence maternelle.

Observant toujours, l'homme arriva enfin à comprendre que ce qui arrive est un effet, et que chaque effet a sa cause, cachée le plus souvent, mais visible quelquefois. Alors il remarqua que chaque fois qu'une chaleur excessive, qu'une tempête ou qu'une inondation le faisait souffrir, la même chaleur torrifiait les plantes et gerçait le sol, la même tempête, balayant la campagne, brisait les tiges en train de mûrir et abattait les arbres, la même inondation noyait la vallée avec la moisson qu'elle lui préparait. Alors l'aspect de la nature agonisante et des plaies béantes aux flancs de la nourricière, l'aspect de la vaste tombe liquide lui suscita l'idée que la bonne mère elle-même souffrait de ce qui le faisait souffrir, et que si quelquefois elle cessait de produire c'est qu'alors une force supérieure l'en empêchait. Il lui sembla la voir lutter, être bienfaisant, contre un ennemi commun, et la participation de son sort la lui rendait plus chère encore.

Une fois familiarisé avec l'idée que sa

bonne mère vivait sa vie à lui, l'homme se mit à étudier les manifestations de cette vie et il remarqua que la terre, après avoir été la victime d'une excessive chaleur, chaque fois qu'une pluie abondante la trempait et s'infiltrait dans ses gerçures, avait l'air d'être rafraîchie, et recouvrait rapidement sa force et sa santé, qu'après la retraite des eaux de l'inondation sa végétation redevenait plus dense et plus luxuriante. Cela lui donna à penser et il comprit enfin que l'eau qui jusqu'alors ne lui avait semblé être qu'un ennemi acharné de la terre, lui faisait en réalité plus de bien que de mal, qu'à la terre autant qu'à lui-même elle était salutaire, indispensable même, que c'était l'eau enfin qui était la véritable dispensatrice de la vie, le puissant et mystérieux élément fécondateur. A côté de la terre mère-génératrice qu'il aimait, tout en partageant sa dépendance, l'eau lui apparut alors sous la qualité de père et de seigneur qui avait droit à son respect et à sa vénération suprême; c'est pourquoi, joignant au nom primitif **a** ou **va** l'appellatif **na**, mâle, que la langue zend a conservé, il nomma l'eau **N'oa** (Na-va). (1) Les pêcheurs adoptèrent cette conception, à preuve que le mot **ab** prit le double sens d'eau et de père. (2)

De la découverte du rôle que l'eau joue dans la fertilisation de la terre à l'invention de l'agriculture il n'y avait qu'un pas, aussi l'invention suivit de près la découverte. Elle parait avoir été faite dans l'Asie centrale et de là avoir été introduite en Orient et en Occident, puis au Midi et enfin dans les contrées septentrionales, berceau de la vénération du feu.

Ces contrées étaient habitées par deux

---

(1) Cette racine se retrouve dans plusieurs noms de l'antiquité: le dieu *Nouah*, mentionné par Sanchoniaton comme celui qui avertit de l'approche du déluge. — כֹּוִהַ (le Noé de la légende hébraïque), celui qui fut averti, — *Ninvah*, Ninive. — *Bhavani* (Bha-va-nva) épouse de Shiva. — *Nou*, l'eau primordiale. — *Anou*, divinité mésopotamienne. — *Vishnou*, dieu de l'eau du trimourti hindou.

(2) Le mot père se traduit en pehlevi par **ab**, ou abider, en hébreux par אָב.

peuples divers, dont l'un aux hommes de taille gigantesque, vigoureux, féroces, cruels même, qui vivaient presqu'exclusivement de rapine aux dépens de l'autre, peuple aux hommes de petite taille, assez faibles, mais pleins d'astuce qui menaient la vie de pasteurs nomades. Les premiers étaient les plus répandus dans la partie occidentale, les seconds dans la partie orientale du pays. Ces deux peuples, également dénués de sentiments affectueux, égoïstes au plus haut degré, restèrent longtemps parfaitement étrangers aux idées sympathiques de ceux qui vénéraient les éléments de la production. Ils n'aimaient rien puisqu'ils étaient vains et fiers, les uns de leur puissance, les autres de leur richesse. Les dons de la terre et de l'eau ne leur inspiraient aucune reconnaissance; ils prenaient ce qu'ils trouvaient et le prenaient en maître qui s'approprie ce qu'il considère être son bien.

Les hommes de haute taille, guerriers courageux, intrépides, téméraires, habitués a répandre la crainte, ne craignaient eux-mêmes qu'une chose, le feu céleste, la seule chose contre laquelle ils avaient beau lancer leurs javelots et brandir leurs glaives, le fort qui, dédaignant leurs bravades, les terrassait d'un seul coup eux et leur monture, qui abattait les chênes séculaires, incendiait la forêt, et par là détruisait souvent ce qui se trouvait à la lisière, moissons et récoltes, chevaux et bétail, tentes et hangards. Lorsque la foudre éclata celui devant qui tout tremblait se mit à trembler lui-même; celui qui ne reconnaissait d'autre droit que le droit du plus fort se sentait dégradé, et il courba la tête altière devant le courroux d'un plus puissant que lui. Sa présomption hautaine fit place à une vénération servile, la confiscation du bien d'autrui se tourna en sacrifice du bien personnel. Le géant vaincu donna un nom à l'objet de sa vénération et ce nom fut une onomatopée, une imitation du son qui frappa son oreille, il nomma son vainqueur: **Sîs**. Depuis ce temps les puissants guerriers du Nord sont mentionnés dans l'histoire sous l'appellation de *Scythes*, c'est-à-dire de vénérateurs de *Sîs*.

Ce peuple de géants, originaire de la contrée qui s'étend depuis les monts Ourals jusqu'aux monts Imaus, paraît s'être répandu dans la direction de l'Orient, longtemps avant que l'idée lui vint de marcher à la conquête du Midi. La vénération du feu se modifiait parmi les Scythes orientaux. Ceux-ci conservaient à l'objet vénéré le nom primitif, bien que ce nom, par une différence de prononciation, s'altérât en *Sôs*; mais ils cessaient de se représenter le feu céleste sous les allures de la foudre, et comme la puissance qui se fait craindre.

Il prit à leurs yeux la forme d'une masse incandescente, d'un immense brasier, qui s'étendait au delà de la calotte recouvrant la terre, et qui à travers d'innombrables crevasses manifestait sa présence à l'observateur hardi. Ce feu primordial leur semblait faire beaucoup de bien et peu de mal. Il était pour eux comme un foyer d'où émanait la chaleur, qui par les effets de sa présence et de son absence réglait les saisons. Cette idée leur était venue depuis qu'ils avaient remarqué que la terre déserte et quasi morte pendant l'hiver, lorsque la chaleur faisait défaut, renaissait à la vie dès que la chaleur recommençait à se faire sentir; qu'elle reverdissait et reproduisait à mesure que la chaleur acquérait plus de force ; mais que, l'oeuvre de la production étant terminée, elle blémissait et se dénudait de nouveau à mesure que la température se refroidissait.

Cette différence d'idées entre les deux branches d'une même nation provenait d'une différence de milieu. Les Sôs qui voyaient rarement la terre se torrifier sous des caresses trop ardentes du soleil, avaient aussi peu à craindre les dévastations de la foudre, puisque leur pays avait moins de forêts et moins de montagnes que n'en avait le pays des Sîs. D'ailleurs l'influence des pasteurs nomades qui, par la supériorité de leur nombre, étaient parvenus à vivre en paix avec les guerriers, et quelque peu même sous leur protection, se faisait sentir dans la formation de leurs idées.

Le pasteur primitif, passablement indifférent et placide, passait son temps à observer son troupeau et à regarder le ciel. Il n'avait qu'une idée vague et confuse de la vénération. La sérénité de pareils esprits tempérait l'enthousiasme du guerrier, qui se mit à réfléchir. Une nation mixte, décidément civilisatrice, était alors en train de naître.

Les pasteurs de la Scythie cîs-Ascatanée vivaient dans des conditions bien moins favorables, et ces conditions empiraient à mesure que les nomades avançaient dans la direction de l'Occident. Aux pieds des monts Imaus s'étend une contrée acquatique, limitée à l'Ouest par la mer Hyrcanéenne (Caspienne), et au Nord par le lac Oxiana (Aral) et le pays adjacent. Cette contrée est traversée par deux fleuves considérables, par l'Oxus et par le Jaxartes. Elle était habitée par les *Abii*, ou vénérateurs de l'eau, mais au milieu de ce peuple s'était établi un autre peuple, venu du Nord-est, et apparenté aux Sôs. Ces immigrants avaient pris possession du pays connu depuis sous le nom du Çoughda (la Sogdiane), ils parlaient la langue Asvaresh, plus connue sous son nom parsi de: langue Pahlavi, et ils vénéraient le feu céleste sous le nom d'**As**. Vivant sous l'influence des idées répandues dans le pays, ils commencèrent bientôt à joindre l'élément liquide à l'objet primitif de leur vénération, et les deux objets finirent par se lier si étroitement dans leur esprit, qu'ils se confondirent, donnant naissance à la vénération de ce que le Mazdéisme nomme Arduisir, c'est-à-dire : l'eau incandescente.

Les premières tribus de pasteurs qui traversèrent les monts Ascatanés essayèrent de suivre l'exemple des conquérants du Çoughda et de s'emparer du Bakhdî, situé au sud de ce pays, mais loin de parvenir à refouler ou à subjuguer les habitants, comme l'avaient fait leurs nouveaux voisins, elles ne réussirent à se maintenir dans le Bakhdî qu'à force de luttes continuelles avec les vénérateurs de la terre boisée et de l'eau. De nouvelles tribus de pasteurs venaient de temps en temps augmenter le nombre des nomades incombrants; mais ne trouvant plus de bons pâturages à accaparer elles ne firent que traverser le pays. Le trop plein se vit obligé de déverser dans la direction de l'ouest et de s'établir dans une contrée où la population clair-semée ne pouvait leur opposer une résistance sérieuse. Cette contrée cependant ne valait pas celle qu'il venait de quitter, elle manquait d'eau et partant de pâturages. Les pasteurs y menaient une vie assez misérable, et ce d'autant plus que lorsqu'ils s'aventuraient trop vers le Nord les guerriers scythes venaient leur enlever leurs troupeaux, et s'ils fuyaient vers le Midi leurs bêtes devenaient la proie des fauves.

L'habitude de vivre sous les influences funestes d'un milieu défavorable fit que les pasteurs des steppes dégénérèrent complètement. Démoralisés par le sentiment de leur impuissance contre les dangers qui les entouraient, ils devinrent rusés, faux et traitres. Leur cupidité héréditaire survivant à la perte de leurs richesses, ils se firent brigands, imitant mesquinement ce qu'ils voyaient faire d'une manière grandiose aux guerriers scythes. Si du temps de leur richesse ils n'avaient aimé que leurs troupeaux, maintenant qu'ils n'avaient que peu de chose à aimer, ils se prirent à haïr toujours davantage les peuples étrangers qu'ils jalousaient. Avec de pareilles dispositions d'esprit les pasteurs ne se sentaient aucunement attirés à la vénération, basée sur la reconnaissance et l'amour, des habitants de l'Asie centrale. Les idées religieuses des hommes du Nord ne convenaient pas mieux à leur esprit. Ils avaient peur de la foudre, il n'y a pas à en douter, mais la crainte de forces supérieures les hantant sans cesse, l'idée ne leur vint pas de vénérer ce qu'ils considéraient être le moins redoutable de leurs ennemis. Entourés de vénérateurs les nomades restaient inaccessibles à l'influence de la vénération.

Voilà environ ce que doit avoir été vers la fin de l'époque préhistorique le degré de développement intellectuel et social des peuples de l'Asie ; jetons maintenant un rapide coup d'oeil sur les habitants de l'Égypte vers la même époque.

Lorsque les premiers colons asiatiques — des Amou du Bas-Aram, — venaient s'établir dans le Delta du Nil, Kem ne possédait encore que sa population autochtone, noire comme le sol. Il est très probable que les ancêtres des Ethiopiens aient été les moins barbares des nations africaines, mais leur civilisation relative était certainement de beaucoup inférieure encore à celle des nouveaux arrivants, dont elle différait du tout au tout. Il n'est pas improbable que les Ethiopiens fussent déja pasteurs; mais il est certain qu'ils n'avaient pas encore la moindre notion de l'agriculture. Ils se nourrissaient de ce qu'ils recueillaient, mais surtout de ce qu'ils prenaient à la chasse et à la pêche. Vivant sous un ciel ardent, l'idée de se vêtir ne s'était jamais présentée à leur esprit. En fait de demeures, ou pour mieux dire d'abris, ils savaient se contenter de cavernes, et si le nombre des renfoncements naturels était insuffisant à leur besoin ils se procuraient de nouveaux gîtes en faisant à leur tour des excavations dans les flancs des montagnes. La vie en commun de ces Troglodites développa prodigieusement chez eux l'amour familial, à tel point même que cet amour survivait longtemps à l'objet aimé.

La mort, pour eux, n'était qu'un sommeil prolongé; c'est pourquoi, auprès des corps de leurs défunts, ils plaçaient chaque jour quelques fruits et une gourde d'eau fraiche, afin qu'à son réveil celui qu'ils croyaient être endormi, n'eût qu'à étendre le bras pour atteindre ce qui pourrait appaiser sa faim et étancher sa soif. Ils recouvraient cependant les cadavres d'une légère couche de terre ou de sable, moitié par un motif d'hygiène, moitié pour les garantir contre les attaques des hyènes ; mais la couche était assez mince pour qu'elle ne gênât pas trop les mouvements du dormeur, et qu'elle ne lui offrît aucun obstacle sérieux, lorsqu'à son réveil il voudrait se relever ou simplement se mettre sur son séant.

Cette identification de la mort avec le sommeil constitua l'idée fondamentale qui, en se développant à mesure que progressait la civilisation, donna naissance à la vénération et plus tard au culte des ancêtres, cet élément caractéristique de la religion égyptienne du temps des Pharaons. Elle se manifesta encore par le soin tout particulier que les Égyptiens apportaient à la conservation des corps, tant par l'embaumement que par la déposition en de vastes nécropoles taillées dans la roche.

Les colons asiatiques introduisirent dans la Basse-Égypte la vénération de la terre et de l'eau. Plusieurs noms anciens font foi de cette introduction, entre autres ceux de : *Am*, un nome du Delta. — *On* (dérivé d'Am, par l'intermédiaire de la forme chaldéenne *An*), la ville qui plus tard reçut le nom d'Héliopolis. — *Seb* (Zouab), le sol chaotique, c'est-à-dire marécageux, de l'ancien Delta, représenté comme le père, ou l'origine du dualisme : *Nephthys* (An-Ab-Ad) la terre peu fertile, en même temps la protectrice des morts, qui se retrouve plus tard sous la forme d'*Anoubis* (An-Ab-As), et *Teb* (Ad-Ab) le Typhon des Grecs, l'eau du Bas-Nil, rendue saumâtre par l'influence du flux de la mer. *Teb* prend à la frontière de la Haute-Egypte le caractère de *Phtah* (Ab-Ad), le Nil, auteur de la végétation, et de *Râ* (Ara = Ar), le Nil, puissant fécondateur qui descend des montagnes.

II.

AU commencement de la période historique les vénérateurs de la terre, devenus agriculteurs, respectèrent toujours l'élément humide, le représentant de la force suprême, de l'autorité paternelle; mais ils l'aimèrent plus et le craignirent moins que ne l'avaient fait leurs ancêtres. Une observation journalière des rôles que la terre et l'eau jouent dans l'oeuvre de la production, leur avait fait comprendre que l'acte du père ne seconde pas seulement celui de la mère, mais que sans cet acte la bonté inépuisable de la génératrice serait incapable de se manifester. Enveloppant les deux éléments dans une vénération mutuelle ils leur marquaient leur reconnaissance par des cris d'allégresse et des gambades. Deux jours surtout étaient consacrés à la joie: le jour des semailles, lorsque la première fois de la saison les agriculteurs se réunissaient dans la campagne pour commencer les travaux ruraux et le jour de la moisson, lorsqu'en terminant les travaux, ils se réunissaient pour la dernière fois. Aussi ces deux jours, plus que les autres, étaient destinés à être des jours de fête; ils étaient consacrés par la confiance en la bonté des éléments de la production, qui fait espérer une bonne récolte, et par la reconnaissance des bienfaits reçus : grains, racines et fruits, ces garanties contre la famine.

Il arriva quelquefois cependant que par suite de désastres, ou de circonstances défavorables, dont le laboureur ne pouvait pas toujours se rendre compte, la récolte insuffisante fit prévoir un temps de détresse. Alors, au temps des moissons, la joie fut moins bruyante; mais le mauvais résultat ne fut plus attribué à la colère du père ou à un caprice de la mère. L'enfant, déçu dans son attente, chercha la cause ailleurs et l'attribua au mécontentement des parents ; il se crut coupable de quelque manque de respect, d'un méfait quelconque et il essaya d'obtenir son pardon par des supplications, des promesses et des cadeaux. L'habitude lui vint de témoigner sa reconnaissance par des libations et par l'offrande des meilleurs produits de la terre.

Les habitants des terres boisées vivaient principalement de ce qu'ils prenaient à la chasse. Le temps était déjà loin où, pour attraper le gibier, leurs ancêtres luttaient de vitesse avec lui, où, pour l'assommer, ils l'étouffaient dans leurs bras, ou qu'après un combat en règle, s'ils avaient la chance de ne pas succomber eux-mêmes, ils déchiraient leur proie à pleines mains et à coups de mâchoire. L'utilité du bois s'étant révélée à leur esprit, ils se servirent de branches pour en façonner des javelots, puis ayant appris à faire usage des écorces et des fibres propres à fabriquer une sorte de corde, ils se mirent à fixer à la pointe de leurs javelots une arête de poisson ou une dent de carnassier, et à attacher au bout de leurs massues une pierre plus ou moins tranchante. L'invention de la hâche fut suivie de près par l'invention de l'arc qui devint bientôt leur arme favorite, puisqu'il leur servait à abattre avec plus de sûreté et à une plus grande distance la gazelle au pied agile, le sanglier sous la futaie, le gibier de toute description, les fauves et les serpents, jusqu'à l'oiseau dans son vol. A mesure qu'à l'aide du bois et de la corde se perfectionnait la fabrication d'outils, l'invention d'ustensiles, de cabanes, de tissus commençait à répandre un surcroît de bien-être. Les chasseurs comprirent que c'était aux arbres qu'ils devaient tous ces moyens pour améliorer leur condition vitale, et la vénération que d'abord ils avaient eue pour la terre en général se concentra plus particulièrement en une vénération de la forêt qui les abritait, qui les nourrissait, qui leur procurait les agréments de la vie.

Les habitants des contrées montagneuses, moitié pasteurs, moitié chasseurs, toujours en lutte avec les animaux sauvages, devenus robustes par l'exercice continuel de leurs membres et de leurs organes respiratoires, téméraires mais intellectuellement peu develloppés, par suite de la rareté de leurs rapports avec les habitants des vallées, étaient devenus très exclusifs. Ils étaient passionnément attachés à leurs montagnes, plutôt par fierté que par reconnaissance, puisque les phénomènes de la nature y prenaient un caractère d'une grandeur extraordinaire, et que les sentiments affables s'alliaient peu à leurs allures viriles. A la vénération du sol le montagnard joignait un grand respect du vent ou plutôt de la tempête, dont la voix rugissante lui semblait être pleine d'autorité.

Les familles de pasteurs de l'Asie orientale menaient toujours la vie de leurs ancêtres. Elles s'enrichissaient continuellement, et concentraient de plus en plus sur les objets de leur richesse les affections qui avaient besoin de s'épancher. De vénération pas de trace chez elles. Comment pût-il en être autrement. L'homme qui n'a pas de demeure fixe, qui ne connaît pas le lieu de sa naissance, qui ne se soucie guère de l'endroit où son corps sera enseveli, n'a pas la moindre idée de ce que c'est que la patrie, pas la moindre affection pour la terre que sans cesse il foule de son pied de nomade. Il se désaltère à l'eau des sources avec le même flegme avec lequel il aspire l'air. Il se nourrit en cheminant des fruits d'arbres qu'il n'a pas plantés, de grains qui ont mûri sans qu'il se soit occupé de leur culture. L'air, l'eau et les produits de la terre, à son estimation, ne constituent pas des biens, tout cela vient de soi-même, tout cela se prend quand et où on le trouve, le premier venu s'en empare et l'idée d'être reconnaissant à qui que ce soit ne vient à l'esprit de personne. Le désir de la possession même ne s'éveille chez lui que par la privation; la faim se fait rarement sentir, son troupeau le nourrit au besoin, et la soif, il ne la connaît guère puisqu'il n'occupe que les contrées que des cours d'eau traversent. La privation n'est donc que passagère; lorsqu'elle se fait sentir une journée de voyage, un échange de bétail contre des grains emmagasinés par une colonie d'agriculteurs y porte remède. Elle ne produit dans l'esprit du nomade qu'une notion assez vague de la valeur relative de ce qui lui manque ; elle ne se manifeste chez lui que par une sorte de malaise physique, qui, transmis à l'organe de la pensée par un mouvement réflexe, y fait immédiatement surgir la décision de chercher au plus vite à recouvrer l'état normal.

Dès que le pasteur trouve un bon pâturage et une source abondante il dresse ses tentes, et il continue à séjourner en cet endroit tant que son troupeau y trouve de quoi broûter ; mais le dernier brin d'herbe n'a pas encore disparu, que déjà il a levé le camp et qu'il part sans regret pour aller s'établir ailleurs.

On comprend facilement qu'à des gens qui menaient une pareille existence tout travail manuel était en horreur, qu'il leur paraissait honteux même et avilissant. Aussi le nomade ne fabriquait que le stricte nécessaire. Ses enfants et son troupeau constituaient toute sa richesse, il n'appréciait que celle-là, partant il ne cherchait pas à amasser d'autres biens. Tout objet superflu lui aurait été un surcharge. Ses tentes et ses utensiles indispensables l'encombraient déjà assez dans ses marches souvent pénibles, et quelquefois périlleuses, — quand il avait des pentes escarpées et des précipices à franchir, ou des fleuves et des rapides à passer sur des radeaux.

Sa vie naguère n'avait eu qu'un seul but, celui de prolonger son existence et celle des siens, — de ceux qu'il avait à nourrir et de ceux qui lui en fournissaient les moyens. Puis vint un temps que son troupeau, son unique bien, lui suscita l'idée de la possession, et cette idée n'eut pas plus tôt pris racine en son esprit que l'amour des richesses se glissa en son coeur. Elle y fit germer une affection pour ses bestiaux qui grandissait jusqu'à devenir une véritable passion. Sobre et frugal il se serait plutôt passé de nourriture que d'en voir manquer à son troupeau.

Le chef de la tribu régnait en autocrate, sa volonté faisait loi. L'amour que le nomade portait aux membres de sa famille subsistait toujours chez lui, mais de plus en plus elle se répartit entre eux en proportion de leur utilité. Chérir pour lui devint identique à se glorifier de la possession. Tandis que les serviteurs n'étaient que ses sujets, ses esclaves, les fils qui l'aidaient dans sa gérance et qui transmettaient ses ordres étaient ses ministres, ses représentants. S'il était content d'eux, il récompensait leur zèle en les honorant de sa confiance et en les faisant jouir d'un pouvoir limité et d'une certaine considération. Il affectionnait ceux qui étaient obéissants, actifs et adroits, plus que les meilleurs de ses serviteurs, comme il estimait ceux-ci plus que ses moutons, ses brebis, et même que ses taureaux, — question de valeur relative : beauté, vigueur et surtout utilité.

Il avait d'ailleurs un droit illimité sur ses enfants ; il exigeait d'eux une obéissance servile, un respect profond. S'ils manquaient à leurs devoirs envers lui, il les châtiait, les maudissait, les tuait même. Egoïste au plus haut degré il sacrifiait à son bienêtre ou à sa sécurité ses bêtes et ses serviteurs, au besoin ses enfants, jusqu'à son fils unique, l'espoir de ses vieux jours.

Ses filles, qu'il ne pouvait utiliser que pour traire ses vaches et pour des besognes de peu d'importance, avaient à ses yeux une bien mince valeur.

S'il en avait de trop il essayait de s'en débarrasser au plus vite ; il en faisait cadeau à qui en voulait, souvent même en donnant en sus une belle vache ou quelques moutons. A l'occasion il les vendait aux plus offrants, ou il les faisait servir de salaire pour les services que lui avait rendues un jeune homme d'une tribu amie ou apparentée. Si au contraire il manquait de femmes et qu'il ne pouvait s'en procurer de gré, il allait en ravir à ses voisins, ou à une caravane de passage. Ces rapts de femmes devinrent si fréquents qu'à la longue ils prirent le caractère d'un usage habituel, et que comme tel ils se glissèrent dans les mœurs de certaines tribus. Tout jeune homme qui désirait entrer en ménage fut contraint à enlever la fille qu'il convoitait, à se battre avec les parents qui la gardaient ou à lutter jusqu'au sang avec elle-même pour sa possession. (1) Il avait à prouver qu'il était assez fort pour la maîtriser et au besoin pour la protéger et la défendre.

L'épouse, aux yeux du pasteur, avait une certaine valeur ; elle était même pour lui une conjointe indispensable, puisque ce n'était que par son secours qu'il obtenait les fils dont il avait besoin pour la surveillance des serviteurs, moyen sur et économique de conserver et d'augmenter ses richesses. Plus l'épouse était féconde plus elle était estimée et honorée, c'est pourquoi quand de ce chef elle laissait à désirer, ou que son âge avancé lui ôtait l'espoir d'une nouvelle progéniture, elle présentait à son seigneur et maître, pour l'oeuvre de

---

(1) Les traces de cet ancien usage se retrouvent encore chez toutes les peuplades du Caucase (Bodenstedt Völker des Kaukasus 206 etc.), chez les Mogols (Lubbock, 87 etc.) chez les Afghans (Elphinstone, English Ambassy to Kaboul I, 258) chez les Ghonds de l'Inde (Lubbock 87 etc.) ches les Bédouins du Sinaï (Burckhardt, Bemerkungen über die Beduïnen und Wasaby, 87). Voir sur le mariage Rakshasa, dont il est parlé Manou III, 33. Mayr Ind. Erbrecht, 154.

la procréation, une jeune esclave qu'elle croyait lui être assez dévouée pour ne pas lui enlever son crédit. La stérilité de la jeune épouse était un motif qui donnait à l'époux frustré dans ses espérances et ses calculs, le droit de la renvoyer à ses parents, en remboursant la dot, ou bien en la gardant. Mainte pauvresse fut ignominieusement chassée de la tente de son mari brutal parce qu'elle avait la malechance de ne pouvoir devenir mère, ou simplement parce qu'elle ne produisait que des filles.

Indolent et peu inventif, le pasteur entouré de dangers de toute sorte n'avait pour se défendre contre les hordes de brigands ou les fauves qui guettaient son passage, que sa fronde et les pierres qu'il ramassait le long de la route.

Depuis que les tribus nomades occidentales, en perdant leurs richesses, avaient cessé de craindre les guerriers du Nord, les relations des deux peuples étaient devenues de plus en plus fréquentes. La majeure partie des pasteurs, réduits à vivre de rapine, glanaient communément sur les traces de l'armée scythe. Ils se familiarisaient alors avec les idées de vénération des guerriers, mais habitués depuis longtemps à juger de tout du point de vue des nomades, par analogie avec les bêtes qui constituaient les troupeaux, ils adaptèrent à ces idées un langage symbolique. De même que leurs ancêtres leur avaient appris à se représenter la force et la virilité sous la figure du taureau, eux ils adoptèrent comme symbole de la foudre le serpent, dont le mouvement ondulant leur rappalait les zigzags que décrit le feu céleste. Le nom de l'objet de la vénération se modifia en passant au symbole : Sîs prit les formes de Tit, de Tet et de Tat, sous lesquelles on le retrouve dans *Titan* (géant, ennemi des dieux, de la mythologie grecque), dans טט (*Tet*) nom de la lettre ט de l'alphabet hébreux, considérée comme une dérivation du hiéroglyphe égyptien qui reproduit la forme d'un serpent à la tête levée et à la queue rétournée en dedans, et en *Tatar*, le nom que prirent les descendants de ces pasteurs dégénérés.

Les géants du Nord s'habituèrent facilement à la représentation symbolique de la foudre. Le symbole a de tout temps été pour le développement intellectuel des peuples dans l'enfance, ce que l'estampe est pour l'instruction des enfants, c'est-à-dire un aide-mémoire aussi attrayant qu'utile. Dans l'absence de l'objet vénéré, le symbole le remplaçait et le rappelait, en sorte qu'il y avait une continuité d'impression, qui développait la conception et qui la rendait permanente, instinctive et par là hériditaire.

Les Scythes occidentaux paraissent de bonne heure avoir appris à extraire des mines de l'Oural le minerai de cuivre, à le fondre, à l'épurer et à en fabriquer des glaives, des épées et des pointes de lance. En outre ils nous sont dépeints comme des cavaliers accomplis qui n'avaient pas leurs égaux dans le dressage des chevaux. Leur frugalité et leur simplicité de moeurs étaient proverbiales. Si à tout cela on joint leur taille gigantesque, leur force prodigieuse et l'habitude du maniement des armes, on parvient à se former une idée de ce qu'étaient les guerriers du Nord, qui par trois fois, au dire de Justin, soumirent l'Asie tout entière.

Vers 4400 avant notre ère la première armée conquérante, pour des raisons qui resteront probablement à jamais inconnues, se mit en marche dans la direction du Sud et s'abattit comme une avalanche sur l'immense contrée habitée par les vénérateurs de la terre et de l'eau. Contre cette attaque imprévue de Scythes et de Tatares, de cavaliers intrépides et de brandisseurs d'épée, ces hommes paisibles n'avaient à opposer que des pasteurs avec leurs frondes, des laboureurs avec leurs couteaux de silex, des montagnards avec leurs massues et des chasseurs avec leurs arcs, leurs javelots et leurs haches. Les guerriers disciplinés culbutèrent facilement cette troupe peu aguerrie, ils la chassèrent devant eux, et prirent possession du pays abandonné, puis escaladant les montagnes ils délogèrent les pasteurs des plateaux et les chasseurs des forêts, et ils se répandirent dans les plaines d'Elam. Une grande partie de l'armée victorieuse, attirée par la richesse du sol, s'établit dans le voisinage du Tigre et y fonda ou agrandit la ville qui, d'après l'objet de leur vénération, prit le nom de Sîs, Shîs ou Shister. (1)

L'autre partie, par les renforts qui lui arrivaient continuellement du Nord, se retrouvant bientôt en nombre plus que suffisant, résolut de continuer la campagne; mais elle se divisa en deux groupes, dont l'un prit la direction de l'Occident tandis que l'autre marcha vers le Midi. Celui-ci pénétra comme un coin dans l'Hindostan et ne s'arrêta qu'au littoral de la mer indienne. Le pays envahi, en mémoire de ce fait d'armes, reçut depuis le nom de l'Indou-Scythie, et il est plus que probable que, sous le nom de la période Kandas, les livres sacrés de l'Inde ont gardé le souvenir de cette époque mémorable de l'histoire ancienne.

Le rapprochement brutal de peuples aussi dissemblabes que le furent les guerriers du Nord et les paisibles habitants des contrées chaudes ne manqua pas de faire sentir son

---

(1) Sîs, Shîs ou Shister, au dire de l'auteur inconnu du Tarikh Montekheb, était le nom primitif de la ville que les Grecs nommaient plus tard «Suse», et qu'ils considéraient comme la capitale de la «Susiane», voir Herbelot, page 772.

influence sur le développement des langues, des moeurs et surtout des idées religieuses.

Les Ghonds Dravidiens ne manifestèrent d'abord qu'une profonde aversion de la vénération de la foudre que leur apportèrent leurs vainqueurs. Cette vénération répugnait à leur esprit parce qu'elle était étrangère, parce qu'elle leur venait de leurs ennemis, parce que son caractère leur était éminemment antipathique. Ils s'indignaient rien qu'à penser que l'on pût vénérer une force dévastatrice qui s'impose par la crainte, une puissance non moins malfaisante que ne l'étaient ceux qui la vénéraient et en qui ils ne virent qu'une horde de barbares qui les avaient dépossédés de leur terre chérie, qui les avaient arrachés au sein de la bonne mère nourricière.

L'habitude cependant d'être en rapport avec les vénérateurs étrangers et la vénération antipathique affaiblissait graduellement la répugnance primitive; mais celle-ci ne fut complètement vaincue que par la conciliation qu'apporta un élément neutre. Cet élément était représenté par les nomades, des gens sans patrie, sans affections, sans la moindre idée religieuse, cosmopolites dans le véritable sens du mot, transmetteurs des idées d'autrui, jouant dans l'histoire de l'humanité le rôle de trait-d'union entre les différentes nationalités. Les pasteurs, venus dans l'Asie centrale à la suite de l'armée victorieuse des hommes du Nord, parcouraient sans cesse le pays. Dédaignés des Scythes qui les exploitaient, méprisés des laboureurs à qui ils étaient à charge, ils s'insinuaient tantôt dans les bonnes grâces des conquérants, tantôt dans celles des vaincus selon que l'un ou l'autre parti pouvait leur offrir aide et protection contre la nationalité ennemie que momentanément ils craignaient le plus. Par des relations fréquentes mis au courant des conceptions religieuses des deux races, ils apprirent aux vénérateurs de l'eau de l'Hindostan que dans des pays lointains, dans la patrie de leurs vainqueurs, la terre souffrait périodiquement d'un défaut de chaleur, et qu'alors, durcie, impuissante à nourrir sa végétation, elle offrait l'aspect d'un champ de mort, tandis que l'eau, qui y est en abondance, se trouvait incapable de venir à son secours puisqu'elle même alors se pétrifiait. Les hommes du Sud, à qui l'idée de la possibilité d'un défaut de chaleur et des désastres qui en résulteraient n'était jemais venue, puisqu'ils ne soupçonnaient pas l'existance d'un autre climat que le leur, écoutèrent ce réçit avec stupéfaction ; ce leur fut comme une révélation ; ils se mirent à réfléchir et ils finirent par comprendre que la chaleur, méconnue jusqu'à ce jour, est un élément fécondant bien plus puissant encore que celui qu'ils vénéraient comme tel et qui en effet n'est qu'auxiliaire. Depuis lors ils associèrent dans leur conception de la force productrice les deux éléments opérants et ils leur réservèrent à chacun une part de vénération. Le langage, qui suit la marche des idées, accolait alors les noms des objets vénérés par les vainqueurs et par les vaincus et il s'enrichit de deux expressions concrètes, de celles de *Shi-va* et de *Vish-nva*. (1)

---

(1) *Vish*, modification scythique d'*Ash* (feu) avec le préfixe **V**. *Ash* converti en *Ish*, comme ou le verra dans les chapitres suivants, fait partie

Quelques tribus Tatares qui se mêlaient aux indigènes adoptèrent la nouvelle conception, et par leur influence Am, modifié en Ham, par l'assumation du préfixe *H*. — l'aspiration particulière à la nation du Bakhdî, — prit la signification de récipient de la chaleur. Les Hamites de l'Hindostan, continuellement refoulés dans une direction occidentale, introduisirent cette vénération dans les contrées qui leur offrirent un asyle un peu durable, tout en modifiant son caractère d'après les circonstances. Dans le pays de sa provenance la vénération de Ham ou Cham se convertit bientôt en la vénération de la fécondité en général qui plus tard fut intégrée dans le Panthéon des divinités Hindoues sous la figure de Kama, le dieu de l'amour.

Les habitants des forêts entrèrent rapidement dans ce courant d'idées. De longue date déjà ils avaient eu le pressentiment que, si l'eau fournit aux végétaux et aux fruits la sève fortifiante, c'est la chaleur qui

---

de plusieurs autres noms de divinités. *Shi* (Sîs) et *Ish* sont donc identiques.

les gratifie de la couleur, du parfum et de la saveur. La révélation d'un bienfaiteur de plus, déjà entrevu dans ses oeuvres, augmenta leur sentiment de reconnaissance. Leur amour grandit outre mesure; ils tombèrent dans l'excès d'amour. Ceci devait leur arriver. Ils vivaient dans un milieu sensuel, et ils en subissaient l'influence. Ils respiraient à toute heure le parfum des fleurs et des fruits, et ce parfum les grisait. Ils entendaient sans cesse la vibration des bouffées d'air à travers le feuillage, le bourdonnement des insectes, le gazouillement des oiseaux et ces bruits, se confondant en des chuchottements mystérieux, parlaient à leurs sens attentifs le doux langage de l'amour. La forêt pénétrée d'une moite chaleur, inondée d'une lumière tamisée par d'innombrables entrelacements de verdure, la forêt qui invitait au repos, à la rêverie, aux épanchements du coeur sous l'ombre discrète de ses berceaux, prédisposait l'esprit à la conception des voluptés mystiques de la religiosité et du temple — qui est son symbole.

Le nom de la terre boisée et arable,

Ad-Am (1) devint alors synonyme de Jardin (2) et de Paradis (3) et l'arbre commença à être considéré comme la figure typique du membre viril — le Lingam — qui lui-même est le symbole naturel de la force productrice. Le culte des bocages, prototype de tous les cultes phalliques, allait se dégager de son état embryonnaire.

Les montagnards, habitants des hauteurs boisées, adoptèrent à leur tour la conception nouvelle, mais ils ne le firent qu'avec plus ou moins de réserve. Les autres s'y refusèrent. Ils avaient encore trop présents à l'esprit les désastres causés par le feu du ciel, et ils profitaient trop peu de ses bienfaits pour aimer sa chaleur. Ils continuaient plutôt de le vénérer à la manière des Scythes, par crainte, comme d'ailleurs ils vénéraient l'eau, cet autre élément puissant qui lui aussi ne leur apparut dans sa majesté suprême que lorsque les sources, grossies par des pluies torrentielles, se frayaient un chemin le long des flancs de leurs

---

(1) אָדָם. (2) עֵדֶן. (3) פַּרְדֵּכ (en chaldéen) = Ab-Ar-Ad-As) ou le Παραδ-εισος des Grecs.

montagnes, emportant tout dans le tourbillon de leurs eaux débordées, arbres, lopins de terre, quartiers de rochers, hommes et bêtes, comme enfin ils vénéraient l'ouragan, le vent impétueux qui marque son passage de désolation et de mort. Plus la montagne était aride, plus la difficulté de conserver la vie avait rendu robustes et sauvages les survivants de la peuplade qui y avait élu domicile, plus aussi les conceptions des montagnards du centre de l'Asie se rapprochaient de celles des géants de l'Oural. *Our* (ou *Ar*) *Al*, — le seigneur montagne ou rocher — était partout le représentant des forces suprêmes de la nature, partout il se montrait colère, cruel, implacable. Le contact avec les Scythes, allant à la conquête de pays lointains, ne fit que retremper le caractère mâle de ces autres hommes forts qui depuis longtemps déjà s'étaient développés dans un milieu pareil à celui qui avait formé les terribles guerriers du Nord.

Tandis qu'au Midi la trinité primitive, *Am-Ad-Ar*, se modifia en *Am-Ab-As*, plus connue sous son nom relativement moderne de *Brahma-Vishnou-Shiva*, au centre de l'Asie à la trinité ancienne, symbole de la terre, vint s'adjoindre une trinité nouvelle : *Sou-Ish-Vad*, symbole de l'eau, du feu et du vent, les trois forces qui d'en haut agissent sur la terre. *Ab*, on le verra plus loin, fut converti en *Sou*, pour indiquer la supériorité de l'eau de pluie qui descend d'en haut, à l'eau des fleuves considérée comme terrestre. *Ish*, modification scythe du mot *Ash*, devint la racine du nom de la déesse élamite *Isha* et d'autres noms dont nous aurons à nous occuper plus tard. *Vad* se retrouve dans le Mazdéisme comme l'ized, ou le génie du vent ; ce nom se convertit aussi en *Oud* et *Oudou*, et parmi les Arabes, avec l'aspiration particulière aux pasteurs, en *Houd*. Le mot *Vad*, dans l'acception de „vent", paraît devoir son origine à la modification d'idées qui eut lieu parmi les habitants des forêts adossées aux flancs des montagnes.

Les plus récalcitrants à élaborer et à fusionner les diverses conceptions furent ceux-là mêmes qui les transmettaient ; les nomades suivirent la marche des idées de leur point de vue de pasteurs, comparant ce qui ne les intéressait que médiocrement aux particularités caractéristiques de leurs animaux dont ils faisaient leur unique étude. Ils élaboraient, sans le savoir, les cultes dont les idées commencent par se cacher et finissent par se perdre dans les symboles.

III.

TANDIS que les ancêtres des grandes nations asiatiques ont disparu sans laisser de traces de leur activité lors de la première migration scythe, les Égyptiens au contraire ont trouvé le moyen de perpétuer le souvenir d'événements qui marquent cette époque dans leur histoire nationale.

Les auteurs grecs nous ont légué de précieux renseignements empruntés aux archives gravées sur la pierre et aux traditions conservées dans la mémoire des prêtres qu'ils allèrent consulter avant de se mettre à écrire leurs traités sur les antiquités égyptiennes. A ces témoignages de seconde main sont venus se joindre les inscriptions et les papyrus originaux, retrouvés dans les nécropoles et étudiés par nos savants égyptologues. Les fouilles de Mariette, de Lepsius, de Maspéro, il est vrai, ne nous ont pas fourni des documents contemporains de la première ou de la deuxième dynastie, mais les monuments les plus anciens qu'on a exhumés nous ont transmis des réminiscences, qui nous aident puissamment à contrôler l'exactitude des écrits de beaucoup postérieurs des auteurs grecs.

A l'aide du témoignage de ces documents primitifs, conservés dans les musées de Boulaq, de Londres, de Paris, de Berlin, de Leyde, de Turin, etc., et des récits de Manéthon, d'Hérodote, de Diodore de Sicile, on est parvenu à remonter le cours de l'histoire égyptienne jusqu'à l'époque à laquelle les naïfs commentateurs du naïf légendaire biblique se plaisent à fixer la date approximative de la soi-disante création du monde.

La rédaction aujourd'hui reçue de l'histoire des premières dynasties égyptiennes laisse cependant encore un champ libre à la critique et à la révision, — elle n'est pas si officielle encore pour qu'aucun doute sur son exactitude ne soit plus permis. Les savants qui l'ont établie ont fait trop peu de cas de la légende mythologique, qu'ils se sont contentés de reléguer bel et bien dans les temps préhistoriques, et ils ont fait trop de cas de la tradition, cette histoire des ancêtres que les descendants ont souvent corrompue par mégarde, ou adultérée à dessein.

La légende mythologique est une version poétique et allégorique des premiers chapitres de l'histoire d'un peuple, et en ce sens elle est pour l'historien une source aussi féconde de renseignements que l'est la tradition. Ni l'une ni l'autre de ces deux versions ne peut être prise à la lettre. Elles doivent être, toutes les deux, disséquées, pour être scrutées dans leurs moindres détails. On doit s'efforcer à lire entre les lignes, entre les mots même, pour y découvrir la relation perdue des idées, et par là le sens caché du mythe ou de l'allégorie.

J'ai essayé d'appliquer cette méthode à l'histoire des premières dynasties égyptiennes et je me figure avoir obtenu un résultat assez satisfaisant.

L'armée des Scythes, à laquelle s'était joint un nombre très considérable d'aventuriers, originaires des diverses contrées que les conquérants avaient eu à traverser, vint subitement se jeter sur les colons asiatiques établis depuis longtemps sur le terrain du Delta égyptien. Elle refoula dans l'intérieur du pays ceux qui osèrent lui tenir tête, mais une fois arrivé dans le nome de Thini la chance tourna. Le nombre des fuyards, successivement accru par celui des campagnards et des villageois intimidés d'au delà du Delta, était devenu si considérable que la conscience de la force numérique commença à tranquiliser les esprits. La marche folle des indigènes se ralentit. Les plus hardis ranimèrent le courage des autres; les groupes débandés se rallièrent, puis ils se concertèrent et ayant gagné à leur cause la population noire de l'Égypte centrale, ils parvinrent à former une armée formidable d'hommes résolus à vaincre ou à mourir. Alors ils attendirent de pied ferme le choc de l'armée des envahisseurs et une bataille sanglante s'engagea, dans laquelle les hommes du Nord, malgré la supériorité de leurs armes et de leur tactique militaire, eurent le dessous. Leur défaite fut si complète que les survivants, en pleine déroute, évacuèrent au plus vite le terrain de la Haute-Égypte et regagnèrent celui du Delta. Là seulement ils purent reformer leurs rangs; ils s'y établirent et parvinrent à s'y maintenir. Depuis un traité de paix fut conclu entre les belligérants par lequel la Basse-Égypte fut cédée aux nouveaux immigrants à condition que dorénavant ils s'y tinssent tranquilles et qu'ils abandonnassent à l'ancienne population la Haute-Égypte tout entière. Le Mini, ou commandant scythe, pour affermir son pouvoir sur le territoire acquis, s'empressa de fortifier les frontières du Sud et d'ériger tout près de là une place forte qui devint la capitale de son pays. A cette place il donna le nom de Hakouphtah (1) (demeure

---

(1) Les Grecs corrompirent ce nom et en firent Egyptos. Ce sont eux qui commencèrent à l'appli-

de Phtah) parcequ'il la consacra à la divinité qui était en honneur chez les habitants de cette contrée. Agrandie et embellie cette ville reçut plus tard le nom de Mannofrî (Memphis) c'est-à-dire „la bonne place".

Une pareille représentation des événements qui amenèrent la fondation de la première dynastie égyptienne me parait beaucoup plus admissible que la représentation ordinaire, d'après laquelle Mini, un homme originaire de Thini, aurait pris les rênes du gouvernement après avoir affranchi sa patrie du joug que lui imposait le sacerdoce, en mémoire de quoi la tradition l'appellerait le premier pharaon humain, prenant le mot „humain" dans le sens de „laïque". Voici les raisonnements sur lesquels je fonde mon opinion :

1º. Il est peu probable que vers 4400 avant notre ère un culte dans le véritable sens du mot ait existé en Égypte, et moins encore que ce culte ait alors été assez ancien, pour que les prêtres eussent pu

---

quer au pays entier depuis les côtes de la Méditerrannée jusqu'aux cataractes.

prendre un ascendant qui leur permit de s'emparer du pouvoir, et surtout pour que leur gouvernement eût eu le temps de dégénérer en une oppression insupportable.

2°. Le fondateur de l'empire égyptien, auquel l'histoire donne le nom de Mini et qu'elle désigne sous l'appellation de «l'homme de Thini,» donnant à cette appellation la signification d' «originaire de la Haute Égypte,» aurait agi avec une légèreté inconcevable si, après avoir enlevé des mains des prêtres les rênes du gouvernement, il eut transféré au delà de la frontière du Delta le siége du pouvoir, laissant ainsi dans la capitale abandonnée le champ libre aux intrigues de l'ancien parti dominant, à peine vaincu et difficile à surveiller de si loin. Son reniement de la vénération de ses pères, en de pareilles circonstances, eut été une imprudence non moins impardonnable, puisqu'il aurait été à prévoir que ce reniement même fournirait aux prêtres dépossédés un motif irrésistible pour soulever contre l'usurpateur impie un peuple plus attaché encore à ses croyances qu'à ses institutions sociales.

3°. La vocation à la divinité indigène Phtah (1) de la nouvelle capitale, par un prince qui donna à son fils le nom de Teti (2), preuve irrécusable que lui-même il vénérait le feu sous le symbole du serpent, démontre que ce prince était un étranger, qui, en bon politique, savait ménager la susceptibilité religieuse des habitants du pays conquis et non pas un Égyptien, qui en se révoltant contre l'autorité des prêtres, foula aux pieds la vénération en honneur dans l'Égypte centrale, qui opprima le culte qu'il reniait et qui accorda une protection toute spéciale à des cultes étrangers dans le nome même dont il tirait son origine.

Voyons maintenant ce que nous apprend à ce sujet la légende mythologique.

Sit et son frère Osar se disputaient l'empire de l'Égypte. Cette querelle s'envenimait au point que leur père, le dieu Seb, se fâcha, qu'il intervint et qu'il divisa le pays en deux royaumes. La Basse-Égypte

---

(1) Probablement dérivé d'*Ab-Ad*. (2) Encore une dérivation de טט.

échut en partage à Sit et la Haute-Égypte à Osar. Sit, la personnification du principe du mal, recommença à faire la guerre à son frère, le tua et régna seul sur le pays entier pendant quatre cents ans environ.

A l'expiration de cette période Hor, le fils d'Osar, suscité par sa mère As, se révolta contre son oncle, le vainquit et régna à sa place ; mais, chose étrange, le vertueux Hor, vengeur de son père, tua sa mère.

Cette légende a tout l'air de n'avoir reçu sa forme définitive que lorsque le culte de Hor passait déjà pour avoir été institué de temps immémorial, et que l'expression de «serviteurs de Hor» était devenue synonyme d' «habitants de l'Égypte, antérieurs à l'époque historique». A l'origine cependant elle paraît avoir eu trait à l'histoire des premières dynasties, car son dieu Sit a tout ce qu'il lui faut pour être pris dans le sens d'une personnification de l'armée conquérante des Scythes, rejetée sur le Delta par l'intervention des autochtones (Seb). Le rôle que dans la légende joue le dieu Hor paraît se rapporter à l'invasion postérieure d'une autre nation étrangère, qui introduisit le culte de Hor et qui mit fin à la prépondérance que la vénération de Sit était parvenue à exercer en Égypte.

Le dieu Seb, père des divinités rivales, serait alors en même temps l'objet primitif de la vénération de l'eau en général et de celle du Nil en particulier. Seb, il est vrai, est plus communément représenté comme la terre du Delta; mais cette terre n'a-t-elle pas en grande partie été amenée par le fleuve, le Delta n'a-t-il pas été formé par le limon que les eaux du Nil ont déposé à la côte, et la mer, quoique forcée de reculer ne continuait-elle pas à lutter contre l'alluvion égyptienne qu'elle submergea périodiquement, qu'elle maintint à l'état de marais aussi loin qu'elle trouva moyen de s'engouffrer dans ses nombreux canaux. La terre du Delta, dans le langage poétique des Égyptiens, évoque toujours l'idée d'eau qui est en train de changer de nature, et en ce sens le vieux Seb est identique avec le Zouab, le chaos et la mer primordiale de la légende asiatique. Les mots Seb et Zouab, se ressemblent assez pour être tous les deux des dérivations de *Shi* ou *Shou-Ab*, l'eau d'après la conception des Scythes orientaux. (1)

Les deux fils de Seb sont les représentants des deux cultes tout aussi bien que des deux nations qui depuis l'invasion scythe se partageaient l'empire égyptien, le culte de Sit, ou de la foudre, dans le Delta, le culte d'Osar, mélange de la vénération des mânes et de la vénération de l'eau, dans la Haute-Égypte.

La légende prétend que Sit tua son frère Osar, une expression poétique, par laquelle elle paraît vouloir rappeler le fait que les Scythes finirent par s'emparer du gouvernement de l'Égypte entière, ou par assujettir à leur pouvoir les chefs de tous les nomes de la Haute-Egypte. En ce sens le mini ou commandant scythe, en sa qualité de Suzerain de tous ces roitelets, a donc à juste titre été considéré par la tradition comme le fondateur de la première dynastie des souverains de la fédération égyptienne,

---

(1) Voir pages 25 et 49.

une fédération qui embrassait tous les nomes de la Basse- et de la Haute-Égypte.

Le mythe de Sit tuant son frère Osar s'explique encore par le souvenir de la prépondérance, que la vénération des Scythes prit graduellement sur celles des autochtones et des colons alliés de la Haute-Égypte, une prépondérance qui s'accentua à mesure que grandit l'influence politique des conquérants. L'expression est cependant par trop forte alors. On aurait tort de la prendre à la lettre, et de se représenter les Scythes comme des fanatiques intolérants, qui profitèrent de leur suprême pouvoir pour détruire systématiquement les idées de vénération qu'ils trouvèrent répandues en Égypte. Ils l'étaient si peu, qu'on les a vu vouer à la divinité indigène Phtah la ville qu'ils fondèrent et dont ils firent la capitale de leur empire. *Ra*, — corruption *d'Ar*, la montagne, — d'ailleurs continua tout spécialement à être vénéré dans le nome d'On (= Am, la terre arable) de la Basse-Égypte. La légende même, malgré son esprit hostile contre l'élément scythe, a conservé le souvenir de ce fait, en faisant de Sit, plus tard confondu avec Teb (1), qui avait l'hippopotame pour symbole, l'époux de sa soeur Nephthys, tantôt la terre marécageuse du Delta, tantôt une déesse de la mort, et réunissant de la sorte en elle seule la représentation des idées religieuses des deux races vaincues.

La vénération de la terre et de l'eau, tout en se modifiant sous la double influence des idées égyptiennes et scythes, se répandit toujours plus avant dans le pays. Une partie notable des anciens habitants du Delta, refugiés dans la Haute-Égypte, paraît, de gré ou de force, être resté dans le pays après la victoire décisive que la population noire les avait aidé à remporter. Ces émigrants du Delta, en mémoire de leur origine septentrionale, donnèrent à leur nouvelle résidence le nom d'On que portait l'ancienne capitale des vénérateurs égyptiens d'*Am*, et à une autre de leurs villes de la Haute Égypte, celle-là même qui plus tard acquit la réputation de renfermer le tombeau d'Osar,

---

(1) Le vieux Seb (l'eau saumâtre) ressuscité sous la figure de la nouvelle conformation du sol.

ils donnèrent le nom d'Abydos, ou plutôt d'*Ab-Ad*, la forme primitive dont le nom d'Abydos paraît être dérivé.

Il n'est pas improbable que par suite de la modification des idées on commença vers ce temps à donner le nom d'*As* à la terre arable d'une fertilité prodigieuse. La signification de ce nom qui dans l'Asie centrale n'évoquait que l'idée du feu bienfaisant et fécondant, s'altérait graduellement en Égypte, jusqu'à ce que le mot y devint synonyme de „Riche", d'où on pourrait conclure que le nom d'Osar, — le Nil, le fécondateur d'As, — dérivé d'As-Ar, à l'origine a eu la signification de „Celui qui des hauteurs apporte la richesse". Osar de la Haute- et Râ de la Basse-Égypte, ne seraient donc que deux modifications différentes du nom primitif du Nil. Les deux divinités les plus anciennes du Panthéon égyptien se réduiraient par conséquent en un seul objet de vénération.

Osar, dit la légende, était infidèle à son épouse As et allait quelques fois, en l'absence de Teb, féconder sa sœur Nephthys, forme poétique par laquelle elle exprime l'idée que l'inondation fécondante du Nil se projetait quelquefois jusque sur le terrain du Delta. Le chantre de la légende, qui a une prédilection marquée pour Osar, ne lui reproche pas le fait de tromper son épouse et d'offenser son frère, bien au contraire, il lui en fait honneur, puisque dans ces escapades il ne voit qu'autant de victoires que le bon Osar remportait sur le méchant Teb. Pour lui Osar était le principe du bien qui ne peut faire que ce qui est digne d'éloge, et Teb, le Nil devenu impotent, que vénéraient les habitants de la terre peu fertile du Delta, était le principe du mal, prédestiné à avoir toujours tort. Ceci prouve que la légende est originaire de la Haute-Égypte. Les habitants du Delta, tout en reconnaissant les mérites de Râ, le fleuve descendant des hauteurs, vénéraient également, sous le nom de Teb, le même fleuve, traversant péniblement leur pays pour se jeter dans les bras de son père Seb.

L'introduction dans la Basse-Égypte de la vénération de Sit semble avoir rencontré pas mal de difficultés, nonobstant la politique de ménagements et de concessions que suivaient les fondateurs du nouvel empire. Le récit légendaire de la mort de Mini, *sous la dent d'un hippopotame* a l'air de cacher, sous la forme d'une allégorie, le fait que celui-là même qui inaugura la politique de grande tolérance religieuse, perdit la vie par suite d'une rébellion des vénérateurs de Teb, (1) et Manéthon dit positivement que les révoltes continuelles amenèrent la chute de la première dynastie.

La deuxième dynastie, est-il dit, était originaire de Thini. Ce nome était le siége du culte primitif, antérieur à celui qui s'établit à On, à Abydos et à Thèbes. Il est donc très probable que de la Haute-Égypte une armée, venue au secours des révoltés, aida les colons primitifs, restés dans le Delta, à secouer le joug des princes d'origine scythe, et que le chef de cette armée, après la victoire, fut proclamé pharaon des deux Égyptes.

Le fondateur de la deuxième dynastie, Bouziou Noutirbiou, paraît avoir appartenu

---

(1) L'hippopotame, du temps de la rédaction de la légende, était le symbole du dieu Teb.

à une tribu de pasteurs asiatiques, établie dans la Haute-Égypte depuis l'invasion scythe. Cette conjecture est fondée sur ce que la tradition nous rapporte de son fils et successeur, Kakoou, le premier d',,une „série de rois législateurs, dont les décrets „auraient, dit-on, modifié la constitution „religieuse et politique de l'Égypte. Kakoou „aurait proclamé dieu l'Hapi de Memphis, „le Mnévis d'Héliopolis et le bouc de Mendès : „aussi son nom royal signifie-t-il „le mâle „des mâles" ou „le taureau des taureaux", „par allusion sans doute aux idées sym-„boliques qui régnaient de son temps, et „auxquelles la divinisation des animaux „sacrés donna une confirmation écla-„tante". (1) N'avons-nous pas là le pasteur qui lui-même ne vénère rien, mais qui estime au-dessus de tout ce qu'il connait le troupeau qui constitue sa richesse. En bon politique il sait respecter les idées des peuples divers qu'il est appelé à gouverner, et il parvient à fusionner ces idées en les symbolisant d'après un système à lui, c'est-à-dire qu'à

---

(1) Maspéro 4ᵉ Ed. 46.

chaque espèce de vénération il attache la conception d'un symbole, représentant celui de ses animaux qui lui rappelle le caractère distinctif de l'élément vénéré. L'eau, *Ab*, le principe de la fécondation, un mot qu'avec l'aspiration qui lui est particulière, il prononce *Hab*, est symbolisée par lui sous la forme du taureau, le mâle par excellence. Hab, dans la bouche des Égyptiens, se modifia en Hapi. Au Mini, vénérateur d'Ish ou de Vish, qui aux yeux des Scythes est le mâle par excellence, il donne également le taureau pour symbole, mais en lui conservant son nom primitif sous la forme de Mnévis (Mini-Vish). La couleur des deux taureaux les distingue : Apis, le noir, représente la terre de Kem, (1) Mnévis, le blanc, rappelle à la pensée la patrie des hommes du Nord. Le bouc, un autre symbole bien choisi de la force procréatrice,

---

(1) Kem (en Hébreux חָם) signifie „noir", dans le sens de torréfié. La noirceur du sol fit donner à l'Égypte le nom de Kem. Il est à remarquer que les habitants de la Judée — au sol rouge — adoraient plus tard la vache rousse = le veau d'or.

reporte en même temps l'idée aux hauteurs et à ceux qui les vénèrent. Kakoou a-t-il conféré aussi aux autres objets de vénération les symboles sous lesquels plus tard on voit figurer les divinités qui les remplacent? Ceci est très probable, mais difficile à prouver.

Les idées que je viens d'énoncer et qui contredisent tout ce que nos livres d'histoire nous apprennent des faits mémorables de la première et de la deuxième dynastie égyptienne trouvent d'ailleurs une confirmation éclatante dans les paroles suivantes de Diodore de Sicile:

„Le plus ancien nom du Nil est Okeanos". (1) Le fleuve Okeanos étant aussi mentionné sous le nom de Zouab, il en résulte que Seb, le père d'Osar et Zouab sont identiques. Les anciens se servent souvent du mot „père" dans l'acception de la personne, de la nation, du culte même qui précédait celle ou celui dont il est question.

„Ammon, le père d'Osiris". (2) La conception d'Ammon, le dieu solaire, provient

---

(1) I. 20.   (2) I. 16.

sans aucun doute d'une modification de l'idée primitive „*Am*", la terre arable, par conséquent fertile. La vénération de la terre a dû précéder l'adoration du soleil dans les deux villes égyptiennes qui portaient le nom d'On, un nom qui est évidemment une corruption du mot *An*, forme mésopotamienne du mot hébreux אִם.

„Osiris correspond à Bacchus", (1) preuve concluante qu'anciennement Osar a été vénéré comme le représentant de l'élément liquide. L'eau et le vin se confondent souvent dans les anciennes conceptions religieuses, dans lesquelles le vin figure ordinairement sous la forme de l'eau annoblie par l'influence du soleil.

„Hercule avait aidé les dieux de l'Olympe dans la guerre contre les géants". (2) Hercule, l'intelligence humaine, représente probablement l'élément asiatique allié aux autochtones dans la lutte contre les vénérateurs de la foudre, ces formidables guerriers géants du Nord, ennemis déclarés de la vénération des éléments bienfaisants.

---

(1) I. 15. (2) I. 25.

„Les Égyptiens racontent que c'est du temps d'Isis que naquirent les géants", (1) forme poétique pour exprimer l'idée qu'à l'époque de l'invasion scythe les Égyptiens les plus civilisés vénéraient la terre.

„L'existence des géants remonte, comme l'affirment les Égyptiens, à l'origine même des hommes". (2) La tradition faisant de Mini le premier roi humain, succédant à une génération de rois divins, le passage susdit, pris dans ce sens, déclare formellement que l'arrivée en Égypte des vénérateurs de Sit correspond à la fondation de la première dynastie dite humaine. La mythologie donne aux géants, ennemis des anciens dieux, le nom de Titans, un nom qui trahit suffisamment son origine. Par la permutation de s. en t. il ne peut être dérivé que de Sit, dont le symbole est le ගග. Monsieur Sayce identifie Titan avec Etana, (3) un mot qui pourrait bien être un dérivé de *Tet-Am*, la race mixte des vénérateurs de la foudre et des vénérateurs

---

(1) I. 27.   (2) I. 25.   (3) Maspéro 4ᵉ Ed. 100 note.

de la terre, si non la foudre terrestre, et en ce dernier sens un surnom caractéristique des conquérants redoutables, vénérateurs de la foudre céleste.

IV.

LA deuxième migration mentionnée par l'Histoire ancienne, paraît avoir eu lieu quatre cents ans environ après la date de la première. Cette fois c'étaient les Scythes originaires de la contrée située au nord du lac Aral qui donnaient le branle. Les tribus qui se mirent alors en marche dans la direction du Sud appartenaient à la grande fédération des Scythes orientaux, qui vénéraient le feu céleste sous le caractère d'élément bienfaisant fécondant par excellence.

Il n'est pas improbable qu'anciennement eux aussi avaient vénéré le feu céleste destructif, parcequ'à l'objet de leur vénération ils donnaient le même nom que les Scythes occidentaux donnaient à la foudre. Ce nom cependant se prononçait différemment. Sîs dans la langue des Scythes orientaux, par la prédominance des sons *ô*, *ou* et *v*, se convertit en Sôs ou Shôs, Sous ou Shous.

La première contrée envahie par la nouvelle armée conquérante était celle qui plus tard reçut le nom du pays des Massagètes. Cette contrée était alors habitée par une nation puissante, qui vénérait tous les éléments bienfaisants, mais l'eau en premier lieu. Sa préférence marquée pour l'élément liquide était toute naturelle, vu qu'elle vivait dans la proximité immédiate de la mer Hyrcanienne (Caspienne) et de la mer Oxiane (le lac Aral) et que le fleuve Axartes (Silis) traverse le pays. La langue parlée par cette nation était le pahlavi, une des langues sacrées qui servirent à la rédaction des livres mazdéens, mais qui à cette époque portait probablement encore son ancien nom de langue Azvaresch ou Housvaresch. (1) Dans cette langue le mot „terre" se traduisait par K*a* ou K*e* (2) et le mot „eau" par *Kei*. (3) La vénération de l'eau était tellement prépondérante alors que l'élément liquide était considéré comme primordial, existant avant tout autre élément. C'est pourquoi dans les livres zend il est dit: „Tout vient de l'eau", (4) et les livres sacrés des Hindous assurent que la mer de lait, barattée par Vishnou, produisit successivement tous les bijoux, ou les objets de valeur. „Khei", dit le Boun-Dehesch, „a été créé avant les hommes". Cette parole fournit à Monsieur Kleuker (5) l'occasion de dire qu'„il suppose qu'il y a une relation intime

---

(1) Ce mot paraît être dérivé de Houz (Oud) le vent, de Var (Ar) la montagne et de Esch (Ish ou Ash) le feu, pour exprimer que la nation vénérait anciennement le vent et le feu d'en haut. (2) Le mot grec „Gaia", la terre et le mot „Ge", l'abîme, le Tartarus, paraissent être dérivés de Ka ou Ke. (3) Le *jod* (') de l'alphabet hébreux désigne tout ce qui est mâle, et en ce sens *Kei*, signifierait le mâle de *Ke*. (4) l'Ized Farg : XIII. (5) Boun-Dehesch 64.

entre le mot zend „Kheï" „eau", et le mot hébreux חי „vivant". Cet aveu est passablement naïf dans la bouche de celui qui conteste à M. Hyde qu'entre le mot *Abish* „eau" et la divinité il y ait un certain rapport. (1)

De même que le mot *Abish* révèle une fusion de deux idées, de l'idée scythe *Ish* et de l'idée autochtone *Ab*, le mot *Zouab* ou *Absou* rappelle l'influence du mélange de peuples par suite de la deuxième migration, mais cette fois une influence nuisible à l'élément scythe. Dans le mot *Abish* l'idée de la chaleur fécondante s'allie à celle de l'eau fécondante; dans le mot *Zouab* ou *Absou* (le fleuve ou la mer qui enveloppe de tous côtés la terre, reposant sur Gé, l'abîme) au contraire l'idée scythe a sombré, car *Si*, converti en *Sou* y figure à côté d'*Ab* comme un mot dont le sens est identique, quoiqu'il appartienne à une langue différente. En veut-on des preuves? En voici: *Sou-Mogoul*, en langue turque, se dit de Tatares-Mogols qui habitent des pays humides ou

---

(1) Voir page 7, note.

marécageux, et *Ac-Sou* est le nom que les Orientaux donnèrent au lac près de la ville de Nicée en Bithynie, que les anciens appelaient Lacus Ascanius. (1)

Parmi les rivières qui grossissent le Tigre il y en a une qui porte le nom de Zabou Antou (le Zab supérieur) et une autre qu'on nomme le Zabou Soupalou (le Zab inférieur.) Ce nom de Zabou ou Zab serait-il par hasard dérivé du nom de Zouab, que porta le fleuve de la cosmogonie babylonienne? Je penche à le croire.

Lorsque les Scythes et le peuple qui parlait la langue Azvaresch s'établirent dans le pays d'Élam, les premiers semblent avoir représenté la race dominante, puisque ce furent eux qui dotèrent le pays d'une nouvelle divinité „*Isha*" (2) que plus tard, en Assyrie, on retrouve sous le nom d'*Ishtar*; (3) ce fut elle qui modifia le nom primitif de la

---

(1) Herbelot, 47. (2) *Ish*, en samskrit, sève, force, vie. F. Max Müller, Hibbert Lectures (1878) p. 198. *Asha*, en zend, pureté; voir sur ses opérations, *idem* p. 251. (3) Maspéro 138.

capitale *Sîs* en *Sôs*, que les Grecs, ces fâcheux corrupteurs de noms, nous ont appris à prononcer Souse et Suse même par un excès de raffinement occidental, capitale, d'après eux, de la Susiane, c'est à dire du pays des *Sôs*.

La majeure partie des vénérateurs de l'eau s'établirent dans la contrée qui depuis cet événement reçut le nom de „la Pahlavie"; (1) mais qui nous est plus connue sous le nom de „la Parthie". Un nombre assez considérable de Scythes s'allièrent avec les montagnards, vénérateurs d'*Ar*, un nom qui, sous l'influence de la prononciation et des idées des hommes du Nord, se convertit en *Var* (Our) et qui prit alors la signification de „feu d'en haut".

Ceux d'entre les montagnards qui refusèrent pertinemment toute alliance avec les Scythes, comprirent qu'ils ne pouvaient continuer à vivre dans le voisinage immédiat de la nation puissante sans risquer de perdre tôt ou tard leur indépendance, et se mêlèrent aux habitants des forêts, leurs

---

(1) Kleuker, Zend-avesta, supplément II, II, 22.

voisins apparentés. Par suite de ce rapprochement intime des vénérateurs du vent et des vénérateurs des arbres, une nouvelle fusion d'idées se fit et sous la forme de *Vad* (Oud) la vénération de la forêt (Ad) se convertit en celle du vent.

La nation mixte des Sôs et de la majeure partie des montagnards, qui prit le nom de Sourya's (Sô-Our) alla s'établir dans l'Arménie, dans l'Assyrie, et dans les contrées orientales jusque sur le plateau de Pamir. Non loin de là, dans les vallées fertiles et boisées de la Babylonie et de l'Élam, par la fusion des hommes du Çoughda et de la Bakhdî avec les campagnards et les chasseurs, les anciens habitants de ces contrées, se forma une autre nation non moins puissante, la nation des Koushites, ou Kasdîm (1),

---

(1) Le mot „arc" se traduit en pehlevi par *Kashta*, (ᵃ) en hébreux par קֶשֶׁת (Kesheth) et en arabe par *Kaus*. Ces mots paraissent être la racine du nom *Koushites* ou *Kasdîm* (qui pourrait bien n'être qu'une forme corrompue de קֶשְׁתִּים)

(a) Kleuker II, II 25.

c'est à dire : des archers. Elle se rattacha,

Il est à remarquer que les Koushites de l'Élam sont généralement désignés sous le nom de Cossiens, que les Hindous appelaient Kauçikas les peuples d'origine koushite, et qu'à la deuxième de leurs castes nobles, à celle des guerriers, ces mêmes Hindous donnaient le nom de Kshatria's. A ceux qui prétendraient qu'il n'y a aucun rapport entre les mots kashta et kshatria je me permets de faire observer qu'une loi immuable de toutes les langues dérivées du Scythe, — le Tatare, le Mogol, le Turc, le Turcoman, jusqu'à la langue Madgyare — défend le placement au commencement d'un mot de deux consonnes qui se suivent, ce qui fait que chaque fois qu'une de ces langues emprunte d'une langue étrangère un mot qui pèche contre cette règle, elle glisse une voyelle entre les deux consonnes. (b) Les Égyptiens comprirent le sens du mot „Koushite", ce dont ils ont fait preuve en appelant *Satiou*, archers, les tribus de la grande nation mixte, qui, sous la conduite du Hyq — vice-roi, ou chef — de leurs alliés, les Sôs, envahirent l'Égypte du temps de la XIVe. dynastie.

Il est très probable que les Archers de la

(b) A Schleicher. Les Langues de l'Europe moderne, trad. H. Ewerbeck 112.

à ce qu'il paraît, toutes les peuplades de Basse-Mésopotamie, fiers de leur habileté proverbiale, prirent l'arc pour leur signe distinctif ou étendard, puisque le dieu babylonien *Anou* porte l'arc, tandis que le dieu assyrien *Barqou* porte „une autre arme qui doit être la foudre", dit Monsieur Tiele. (c) La flèche, étant le symbole assyrien de la foudre, le fils d'*Anou*, en sa qualité de dieu protecteur des habitants de la Haute-Mésopotamie, du temps que ce pays était encore sous la dépendance de son suzerain, le roi de Babylone, porte donc à la main le signe distinctif des Assyriens, qui est en même temps la marque de leur provenance koushite. Chez les Mogols d'une époque relativement récente l'arc était encore l'emblême de la royauté, tandis que la flèche était celui de la vice-royauté. (d) N'y aurait-il pas là le symptôme du souvenir de l'étendard du suzerain et de celui du vassal, en usage dans la Mésopotamie ancienne?

Le mot *Satiou*, par lequel les Égyptiens exprimaient l'idée d'un archer, a tout l'air d'être d'une origine assyrienne. *Tshat* en Assyrien, signifie „flèche"; c'est donc à cause de la rapidité de son cours, si ce n'est par rapport à la fusion des idées *Shou-Ad*, le fleuve du pays boisé, que les

---

(c) 187. (d) Herbelot 243.

l'immense pays qui des bords du Tigre — le Koushistan actuel — s'étend jusqu'à la chaîne de montagnes connue de nos jours encore sous le nom de l'Indou-Koush. Les habitants de la Basse-Mésopotamie, bien qu'appartenant à la fédération koushite, gardèrent longtemps leur nom primitif d'*Ads*, ou habitants des forêts, mais ils y joignirent l'appellatif *Aga*, (1) puissant — Acads — par fierté probablement de ce qu'ils savaient tenir tête à ces montagnards vaniteux, qui s'intitulaient les *Soumirs*, (2) ou Sôs puissants, fraction de la nation guerrière des Sourya's. La renommée de ces deux peuples rivaux fut

---

anciens donnèrent le nom de la flèche au fleuve que nous appelons Tigris, ou le nom du fleuve au trait qu'ils lançaient de leur arc. Le nom moderne: „Tigris" fait allusion aux bonds furieux, semblables à ceux du tigre, avec lesquels le fleuve lance ses eaux turbulentes à travers du pays.

(1) Le mot *Aga* s'est conservé dans les langues Mogol et Turque, dans lesquelles il signifie „chef" ou „commandant". Le chef des Eunuques par exemple porte le titre d' „Aga".

(2) „*Mer*" signifie puissant, d'après M Delitsch, — voir C P. Tiele 169 note.

si persistante que jusqu'aux derniers temps de la monarchie le titre de „Roi des Soumirs et des Acads" resta un des titres honorifiques des empereurs de l'Assyrie. (1)

Bérose et le Syncelle semblent faire allusion à l'origine de la fédération koushite lorsqu'ils attribuent à Evekhous la fondation de la première dynastie humaine de la Mésopotamie. Ceci devient à peu près certain quand on embrasse l'opinion de M. Lenormant, (2) qui croit que le nom Evekhous est dérivé d'Avil-Koush, ou homme de Koush. Mais alors ce ne serait pas un nom, mais un surnom que nous font connaître les susdits auteurs, et tout plein de révélation que soit ce surnom, il nous resterait toujours à chercher le nom que portait le fondateur. L'homme de Koush en question serait-il par hasard cet Ourbagous (3) au nom duquel sont estampillées

---

(1) C. P. Tiele 158.
(2) II. 19.
(3) „*Ourchamou*", d'après la lecture de M. Oppert, qui rapporte ce nom à celui du roi Orchamus de la légende classique (Ovide, Métam: IV. 212). Messieurs Rawlinson et Hincks préfè-

les briques qui ont servi à ériger les monuments les plus anciens qu'on a déterrés? „Ce roi paraît avoir vécu à peu près dans le même temps que les rois de la V⁰ dynastie égyptienne", dit M.' Maspéro, (1) d'après M. M. Th. Pinches et Oppert. Son règne est donc assez reculé pour qu'il puisse avoir été le premier prince des Acads, si non de tous les Archers fédérés. Les savants ne s'accordent pas sur la lecture de son nom, mais quelle que soit la bonne, le mot Our en est toujours la racine, et il l'est

---

rent la lecture *Ouroukh* ou *Ouriyak*, en souvenir du roi Ariokh de la Génèse (XVI. 1) et M. Hommel a récemment indiqué la lecture Ourbaou (Die Semitischen Völker I. 380) — Maspéro, 155 note 5.

(1) 155. M. Maspéro ajoute note 6 de la page indiquée: „Th. Pinches. *Some recent Discoveries bearing on the ancient History and Chronology of Babylonia*", dans les *Proceedings of the Society of biblical Archaeology*, 1882 p. 8 et 12. Nabounahid, roi de Babylonie, déclare vers 550 que Naramsin régnait trois mille deux cents ans avant lui, ce qui donne la date de 3750 avant J. C. pour le règne de Naramsin (Oppert, dans le *Journal asiatique* 1883, I. 89)."

également d'*Ourouk*, le nom du lieu de sa résidence. Ceci semble indiquer que longtemps avant l'avénement au pouvoir du prince *Ourbagous*, les Sourya's avaient déjà réussi à pénétrer très-avant dans la Mésopotamie et à y introduire leur vénération d'*Ar*, converti en *Our*, puisque l'Homme de Koush, le prince des Acads, par conviction ou par politique se mit sous la protection spéciale du „feu d'en haut", ce que certes il n'aurait pas fait si de son temps la vénération de ses ancêtres, celle d'*Ad*, ou de *Vad*, eut encore prévalu dans la contrée d'entre le Phrat (Ab-Ar-Ad) et le Tshat.

Le roi Ourbagous cependant peut tout aussi bien avoir été un chef de Sourya's et même le fondateur de leur domination dans la Basse-Mésopotamie et Bérose et le Syncelle, en parlant de la fondation de la première dynastie peuvent avoir confondu le souvenir du fondateur avec celui du destructeur de l'empire des Sourya's. En ce cas le véritable „homme de Koush", si célèbre dans l'histoire ancienne, ne serait autre que Shargina I, le conquérant qui soumit à son pouvoir tout le pays Mésopotamien, qui vainquit les Élamites, c'est-à-dire les Sourya's ou Sôs montagnards. Il était non seulement fondateur d'une nouvelle dynastie, mais bien décidément aussi prince koushite, vu que sa statue portait sur la base l'inscription: „Shargina, le roi puissant, le roi d'Agadé, c'est moi, etc."

Il est probable que des deux nations puissantes qui se disputaient l'empire de la Mésopotamie, celle des Soumirs ait été la plus civilisée, mais le raisonnement sur lequel on fonde généralement cette opinion pèche par sa base. „Les inscriptions les plus anciennes en écriture cunéiforme, ou à pointe de flèche", dit-on, „sont toutes rédigées en langue soumirienne, tandis que les moins anciennes sont rédigées en langue acadéenne, ce qui prouve que l'art d'écrire a été inventé ou au moins apporté aux Acads par les Soumirs". Le fait est exact, mais il ne prouve malheureusement qu'une chose tout à fait différente de celle qu'on prétend en déduire: Sous l'empire soumirien les inscriptions furent rédigées en langue soumirienne, comme sous l'empire acadéen elles furent rédigées en langue acadéenne, c'est-à-dire en la langue de la nation dominante qui fut de tout temps la langue officielle.

L'envahissement de la Basse-Mésopotamie par les Sourya's obligea le trop plein de traverser le Phrat et de chercher au-delà un nouvel établissement. Ce trop plein était représenté par les tribus Hamites, qui étaient restées étrangères à l'évolution récente des idées religieuses, et par les descendants des premiers colons qui de l'Hindoustan étaient venus apporter quelques rayons de lumière aux habitants primitifs du Delta de la mer Erythrée. La migration hindoue paraît s'être renouvelée par intervalles, et tant qu'il y avait encore de la place, les nouveaux venus trouvaient facilement à se caser au milieu de ceux dont ils amélioraient le sort en les civilisant. Voici ce que dit Bérose, en parlant des premiers rapports entre les deux nations:

„Ils (les habitants de la Chaldée) vivaient „sans règle à la manière des animaux. „Mais, dans la premiere année, apparut, sor„tant de la mer Rouge, à l'endroit où elle „confine à la Babylonie, un animal doué

„de raison, nommé Oannès. Il avait tout
„le corps d'un poisson, mais, par-dessus
„sa tête de poisson, une autre tête qui
„était celle d'un homme, ainsi que des
„pieds d'homme qui sortaient de sa queue
„de poisson : il avait la voix humaine, et
„son image se conserve encore aujourd'hui.
„Cet animal passait la journée au milieu
„des hommes, sans prendre aucune nourri-
„ture ; il leur enseignait la pratique des
„lettres, des sciences et des arts de toute
„sorte, les règles de la fondation des villes
„et de la construction des temples, les
„principes des lois et la géométrie, leur
„montrait les semailles et les moissons, en
„un mot il donnait aux hommes tout ce qui
„contribue à l'adoucissement de la vie.
„Depuis ce temps rien d'excellent n'a été
„inventé. Au coucher du soleil ce monstrueux
„Oannès se plongeait de nouveau dans la
„mer et passait la nuit sous les flots : car
„il était amphibie. Il écrivit sur l'origine
„des choses et de la civilisation un livre
„qu'il remit aux hommes", (1)

(1) Bérose, Fragm. I. édit. Lenormant.-voir Maspéro 145.

Bérose, bien qu'il fut Chalde, c. à. d. prêtre babylonien, écrivit en grec; le nom Oannès est donc un nom évidemment grécisé, dont la forme originale n'a pu être que *Va-nva* (Ouanoua). La partie humaine de l'amphibie symbolise probablement les agriculteurs qui vénéraient la terre *Va* et la partie ichthyoforme représente les marins, vénérateurs de *Nva*. L'homme-poisson personnifie donc les immigrants hindous arrivant devant la plage du Delta dans leurs embarcations et apportant aux barbares indigènes les premières notions des arts et notamment celles de l'agriculture et de la construction des cabanes, ainsi que l'idée de vénérer les éléments bienfaisants. Bérose, qui vivait dans un temps où les souvenirs étaient devenus confus, attribue naïvement à ces premiers colons civilisateurs l'introduction des arts et des sciences qui de son temps furent cultivés dans sa patrie.

Il fait mention de divers hommes-poissons, d'où on peut conclure que l'immigration hindoue continua sous plusieurs rois babyloniens. Au 3e, 4e et 5e de ces rois il donne les noms d'Ammillaros, d'Ammenon et d'Amelagoras, trois noms qui commencent par Am, ce qui dénote, il me semble, que ces rois ont dû vénérer la terre, par conséquent, qu'ils étaient agriculteurs. Au 6ᵉ roi cependant il donne le nom de Davos. Ce nom semble indiquer que l'Annédôtos (homme-poisson) qui fit son apparition sous le règne du sixième roi personnifie une tribu de pasteurs qui de l'Inde vint s'établir en Babylonie, et qui en peu de temps sut y prendre un ascendant suffisant pour que le roi, s'il n'était pas pasteur lui-même, se vît en tout cas obligé de protéger les nouveaux venus contre la malveillance des agriculteurs. Cette conjecture acquiert plus de vraisemblance encore par le fait qu'à l'Annédôtos, qui apparut sous le règne d'Evédoranchos, le 7ᵉ roi, Bérose donne le nom d'Annodaphos (1), d'où on pourrait tirer la conclusion que le dernier groupe d'immigrants hindous était constitué moitié d'agriculteurs — *A-nva* — moitié de pasteurs — *davos*.

L'immigration incessante de colons hin-

---

(1) Maspero 146.

dous augmenta de beaucoup le chiffre de la population de la Basse-Mésopotamie, mais le nombre s'accrut bien d'avantage lors qu'arrivèrent les tribus élamites refoulées au-delà du Tigre, et les hordes des montagnards qui longèrent les rives de l'Euphrate sous la pression des peuples du Nord. On n'a qu'à se faire une idée de l'agglomération de peuples, par suite de toutes ces migrations, pour reconnaître l'exactitude de l'ascertion des auteurs anciens que la Babylonie était une contrée habitée par „une grande multitude d'hommes de races diverses", et pour comprendre que dans ce temps sur le sol de la Basse-Mésopotamie il y eut ce que le légendaire, dans son style fleuri, appelle „une confusion de langues". (1)

L'émigration vers la Syrie et l'Arabie, par suite de cette agglomération, continua longtemps, presque sans interruption. C'é-

---

(1) Le souvenir de ce fait attaché à celui de la tour inachevée de Bhorsippe, dont le roi Naboukoudouroussour fait mention, (a) lui a même fourni le canevas sur lequel il a brodé son conte de la Tour de Babel.

(a) Maspero 150.

taient tantôt des tribus de pasteurs, tantôt des vénérateurs d'*Ab*, d'*Am* et d'*Ar* qui traversèrent le désert, tantôt des Hamites qui prirent la route de Damas ou bien celle de Karkemish. A peine une caravane avait-elle quitté la Mésopotamie qu'une autre, venant invariablement du Nord-Est, traversait le Tigre. Presque la totalité des pasteurs de la Bakhdî passa sur le territoire de la Mésopotamie. Ce fut alors que les habitants Sôs du Çoughdâ s'établirent dans la Pahlavi et que les Saçae des monts Imaus envahirent l'ancienne Élam.

Les idées de vénération des éléments s'enchevêtrèrent de plus en plus et l'évolution marchant à pas rapides, la vénération se convertit en une adoration de ce que l'on se représentait comme le foyer, la source, le principe des puissances qui se manifestèrent.

Ce fut encore une fois aux pasteurs qu'on devait cette modification de conceptions, mais cette fois les pasteurs firent plus que de servir insciemment de trait d'union aux idées des autres. Leurs rapports avec les nations plus civilisées s'étaient considérablement multipliés. Au lieu de se laisser simplement guider par leur instinct, les nomades eux aussi commençaient à observer, à comparer, à raisonner. Quand pendant la nuit le pasteur, couché sur le dos contre le versant de quelque monticule, s'amusait à regarder le ciel et que moitié rêveur il observa le scintillement du feu primordial qu'il s'imaginait voir à travers de nombreuses crevasses dans le dôme mystérieux, l'idée lui vint que ce scintillement qui n'avait jamais attiré l'attention des Scythes, ses précepteurs, ressemblait étrangement à un clignement continuel d'une multitude d'yeux fixés sur lui et sur le troupeau confié à ses soins. Puis quand un bruit insolite, présage de danger, frappa son oreille merveilleusement exercée, et que, reportant son regard sur la terre ombrée, il remarqua les taches blanches qu'y firent ses boeufs, ses moutons et ses brebis, la conformité de la scène d'en bas et de la scène d'en haut, le rendit pensif.

Ses idées s'embrouillèrent, des combinaisons étranges se présentèrent à son esprit, son imagination s'éveilla, et il se mit à réfléchir. Alors il lui sembla que c'était avec une intention marquée que les yeux clignotants regardaient son troupeau et leur surveillant. Surveilleraient-ils, eux aussi, se demanda-t-il, pourquoi, dans quel but? Y aurait-il de la bienveillance ou de la malveillance dans ces regards d'en haut? Ces yeux appartiendraient-ils à un protecteur mystérieux, promoteur de la santé et de la fécondité de mes chers bestiaux, ou à celui qui leur envoie les maux dont ils souffrent, les fauves qui les déchirent?

Le pasteur, être indolent et craintif, sentit son esprit de plus en plus envahi par la tourmente des questions difficiles à résoudre, son imagination s'exalta, il devint superstitieux et plus tard astrologue, ou bien il fit un effort sur lui-même, se mit à contempler avec un soin assidu et devint investigateur scrupuleux et par là astronome. Ce fut, comme toujours, le milieu dans lequel il vécut qui dirigeait l'évolution de ses idées. Vivant dans l'intimité des montagnards, hommes simples, mais sérieux et positifs, les pasteurs acquirent bientôt la tranquillité d'esprit, la patience, la soif ardente de savoir qui caractérisent les vrais observateurs de la nature. Les rayonnements d'en haut, semblables à des yeux clignotants, se convertirent d'abord en leur imagination en des foyers de ce feu céleste que leurs ancêtres avaient cru entrevoir à travers de crévasses dans la voûte du ciel, des corps incandescents doués de mouvement. Ils suivaient du regard ces corps célestes dans leurs pérégrinations, ils étudiaient leurs cours, ils constataient la différence de l'intensité et de la couleur de leur lumière, ils trouvaient des rapports entre leurs positions et entre les périodes des saisons et des travaux qui en dépendent, ils leur reconnaissaient des qualités qui se manifestaient également chez les bêtes de leurs troupeaux. Petit à petit ces bêtes à leurs yeux devinrent les représentants, les symboles des corps célestes, — le taureau de celui qui leur paraissait être le plus puissant, le bouc de celui qui semblait répandre la chaleur la plus fécondante, chaque bête selon que ses qualités spéciales correspondaient avec les idées que l'aspect d'un astre, ou une particularité de sa lumière et de son cours suscitait à l'esprit de l'observateur. Depuis lors le premier pas était fait sur la voie de l'idolâtrie, dans laquelle s'égarèrent les Sourya's (1) vers l'époque où leur nom se convertit en celui de Tourya's (2). Le peuple adopta les idées

---

(1) Le nom *Sourya* a laissé beaucoup de traces. Le pays entre la mer Noire et la mer Caspienne porta anciennement le nom de *Sauromathie;* le fleuve Jaxartes est aussi connu sous le nom de *Sihour;* les Hindous vénéraient le soleil sous le nom de *Sorya* et à leur dieu Shiva ils donnaient le surnom d'*Iswara*. La divinité supérieure et primitive du Mazdéisme se nommait *Zarouam*. *Zour* en pehlevi et *Zouere* en zend signifient „force", „fertilité". Les Mazdéens donnaient à l'eau sacrée, qui joue un rôle éminent dans leurs cérémonies religieuses, le nom de *Zour*, parcequ'ils considéraient cette eau comme fortifiante et purifiante (Boun-Dehesch XXI). Parmi les différents mots par lesquels les Hébreux désignaient le taureau, ils avaient celui de שׁוֹר, dont la forme chaldéenne est תּוֹר.

(2) שׁוֹר et תּוֹר se modifiaient aisément en *Tor*, dont est dérivé le mot pehlevi *Tora*, taureau. La permutation de Z en T se manifeste encore dans les alphabets arabe et persan. La forme des lettres est la même, un point seul indique la différence dans la prononciation. Le culte du

des savants, mais n'en comprenant pas la portée, il se rabattit sur la forme et le symbole fut adoré.

Le culte à sens caché, animal pour les masses, sidéral pour les initiés, qui naquit des premières études astronomiques se répandit rapidement parmi les laboureurs et la race pure des guerriers du Nord. Les premiers tenaient déjà en grande estime le taureau, animal vigoureux et infatigable, qui leur était d'un si grand secours dans les travaux agricoles. Les seconds s'y sentirent attirés par leur respect inné de tout ce qui se distingue par sa force et sa virilité. Ils reconnaissaient au taureau ces qualités estimables, mais en un degré de beaucoup inférieur à celui qu'ils constataient dans son ennemi mortel, le lion; c'est pourquoi dans leur symbolique ils admettaient le taureau, mais dans un sens subordonné à celui qu'ils

---

dieu *Tour*, prototype du dieu *Tyr*, paraît surtout avoir fleuri parmi les habitants des montagnes, puisque sous la forme de *Thour* ce mot, chez les Arabes, prit la signification de „montagne".

attachaient à leur symbole de prédilection. A leur point de vue le taureau n'était que le représentant de la force terrestre, tandis que le lion était celui de la puissance suprême des forts d'en haut (1), des astres, qu'ils considéraient comme les verseurs de pluie, les souffleurs de vent, les dardeurs de foudre.

Les pasteurs transmirent encore ces idées à la population de la Basse-Mésopotamie, aux chasseurs des forêts et aux pêcheurs de la mer Erythrée, mais dans ce milieu la nouvelle conception ne tarda pas de s'altérer, et le milieu baissant continuellement, les moeurs, surtout celles des habitants des forêts, se ramollissaient sans cesse. Les bocages, qui d'abord n'avaient fait qu'inviter au repos, excitaient de plus en plus

---

(1) Témoins les taureaux à tête d'homme des Assyriens dont un nombre très considérable, souvent de fort grande dimension, ont été déterrés, et dont plusieurs se trouvent actuellement dans les musées d'antiquités. Les taureaux semblent représenter les monarques puissants, qui ailleurs sont dépeints luttant contre une force supérieure à laquelle l'artiste a donné la forme du lion.

des idées voluptueuses, des désirs charnels ; ils prenaient le caractère de berceaux, de lieux sacrés, de temples, qui abritaient les amours, volontaires d'abord, obligatoires ensuite. C'était comme si une volonté impérieuse y poussait tout être humain sans distinction, jeunes gens et jeunes filles, hommes et femmes, à y accomplir l'oeuvre de la chair. L'impulsion une fois donnée l'acte inconscient prit bientôt les allures de la célébration d'un culte fanatique. Chaque arbre devint alors pour les habitants des forêts le symbole du phallus, chaque grotte celui du cteis. Les adeptes du culte les taillaient, les façonnaient sans cesse afin de rendre la ressemblance toujours plus saisissante.

Les pasteurs de la Basse-Mésopotamie s'adonnaient d'une manière toute spéciale à l'étude des phénomènes de la nature, mais sous l'influence du milieu sensuel ils se mirent à regarder ces phénomènes comme des manifestations de la vie d'en haut, et l'idée leur vint que des rapports intimes existaient entre cette vie et celle d'ici bas. Le problème posé ils en cherchaient la solution. A force de penser sans cesse à cette question épineuse, au lieu d'arriver à connaître la nature de ces rapports, il leur sembla que la distance, qui séparait la demeure de ces puissances supérieures de la terre où leur influence se fait sentir à toute heure, se rapétissait graduellement. Ils commencèrent à se sentir en contact presque immédiat, en présence ou à peu près, de ces forts d'en haut. Ils s'imaginèrent que ceux vers qui ils élevaient la pensée descendaient vers eux, ou bien que si eux-mêmes ils ne condescendaient pas à se mêler directement à leur vie, que tout ou moins ils leur envoyaient des intermédiaires, des messagers, des génies, chargés d'entretenir des relations constantes entre le ciel et la terre. Ils crurent entendre les voix de ces messagers célestes dans les mille bruits indéfinis de la forêt, remarquer les traces de leur action dans les moindres événements de la vie terrestre, apercevoir leur direction dans chaque effet du hasard. Ils cherchèrent en toute manifestation de l'être, en tout objet qui se présentait à leur vue, l'intention cachée, la volonté qui se concentre, l'idée qui s'ébauche, et désireux de déchiffrer les nombreuses énigmes qui les entouraient de toute part, ils inventèrent la science occulte, ils se firent augures, interprêtes d'oracles, astrologues, parfois même sorciers et magiciens.

A mesure que s'altéraient les conceptions religieuses, et que les objets de vénération se convertirent en objets d'adoration, les noms qu'on donnait à ces objets se modifiaient également. La cause était identique : le mélange des peuples opéra l'enchevêtrement d'idées, qui donna naissance à des conceptions plus compliquées et l'embrouillement d'idiomes, qui produisit des langues mieux développées.

Les pasteurs qui, lors de la première migration, par une aspiration qui leur était particulière, avaient converti *Am* en *Ham*, convertirent *Va* en *Hva* (הוה) (1) *Om*, (ou Oum, nouvelle forme d'Am) en *Hom*, (2)

---

(1) *Hvarazmi*, nom d'un peuple. — *Hou* (Il est) pris dans le sens d'un surnom de la divinité par les Musulmans.

(2) *Ham*, nom arabe du personnage *Cham* de la légende hébraïque, — *Hamadan* — *Hamath*

Oud (modification d'Ad) en *Houd*, (1) *Or* et *Our* (dérivés d'Ar) en *Hor*, (2) *Ab* en

---

ou *Hamoth*, ville de la Syrie. — *Hammamat*. — *Hemiar*, fondateur de la tribu arabe des Hemiarites. — *Hom*, dont il sera question en parlant des choses sacrées du culte des Mazdéens. — *Homoroka*, divinité égyptienne. —

(1) *Hadad*. — *Hadhoura*. — *Hadhra* (l'île) verte. — *Hadhramaout*. — *Hathor*. — *Hediah*, ville de l'Éthiopie. — *Houd*, nom du prophète, venu du Nord, qui visita les Arabes purs pour leur prêcher une nouvelle foi, la vraie, d'après la prétention de la légende. Cette foi ne peut avoir été que la vénération du vent. On lit dans Khondemir et dans la paraphrase de Houssain Vaez sur le chapitre du Coran qui porte le nom de Houd, qu'après la prière des *Adites*: «Seigneur, donnez au peuple d'Ad de la pluie, telle qu'il vous plaira", un vent très froid et très violent, que les Arabes appellent Sarsar, extermina tous les infidèles (les Adites) du pays, et ne laissa en vie que le prophète Houd et ceux qui avaient embrassé sa foi. (a)

(2) *Haer*. L'Arabie pétrée et sa capitale, au dire des auteurs arabes, portaient anciennement le nom de *Haer*, ou de Hagr (pierre). (b) Hagiar,

---

(a) Herbelot 427. (b) *idem* 389.

Hab, (1) *Osh* et *Oush* (prononciation dif-

la mère d'Ismaël, d'après la légende, mourut à la Mecque et fut enterrée dans un endroit qui se trouve actuellement dans l'enceinte extérieure du temple de la Câabah (la maison carrée). Sur la tombe fut érigée une tente, et plus tard une de ces cabanes sacrées que les pasteurs nomades désignaient du nom de Beît Allah (maison de Dieu), un nom qui nous rappelle la légende hébraïque de Jacob, qui, se réveillant après avoir rêvé qu'il vit des anges monter et descendre une échelle, oignit la pierre sur laquelle avait reposé sa tête et la consacra, rendant par là la pierre : *Bethel*, c'est à dire demeure de l'Eternel, ou divine. La légende du Beît Allah de Hagiar et celle du Bethel de Jacob se rapportent évidemment au culte des pierres ou Bétyles, et le nom de Hagiar ne peut être qu'un dérivé du mot Hagr, pierre. Nous savons d'ailleurs que la pierre noire, Hagiar Alassorat, attachée à un des pilliers du portique de la grande mosquée, érigée sur l'emplacement même de l'ancien Beît Allah, fut enlevée par les

---

(1) *Habash* (l'Abyssinie). — *Habib*, désert de Nitria. — *Habil*, nom arabe d'Abel. — *Hapi* (l'Apis). — *Harmhabi*, nom égyptien d'Armaïs. — *Heber*, nom hébreux du prophète Houd. — *Hobal*, idole des anciens Arabes.

férente du mot primitif Ash en Hosh et Housh. (1)

Carmathes en l'an 317 de l'Hégire, qu'on offrit aux voleurs jusqu'à 5000 dinares d'or pourvu qu'ils la rendissent, mais que ceux-ci refusèrent l'offre, disant: qu'ils considéraient la pierre noire comme une ancienne idole et qu'en cette qualité elle était indigne de la vénération des croyants. Vingt-deux ans plus tard cependant ils la renvoyèrent. (c) — *Haran.* — *Harar*, nom d'un peuple. — *Har-hout*, prince de Koush, fils de Horos. — *Haris*, bourgade de la Perse. — *Haroiri.* — *Harouni*, nom que les Arabes donnent à Aaron. — *Harkhari* — *Harmakhouti.* — *Harpekhroudrou.* — *Hartapshitiou.* — *Harmhabi.* — *Harran*, ville de Mésopotamie. — *Hera.* — *Heracles* (Hercule). — *Herat*, *Herath* ou *Heri*, la ville d'Arie. — *Hermes.* — *Hermon.* — *Hermontou* ou *Hermonthis*, la ville d'On de la Haute-Égypte. — *Hermopolis.* — *Hermos.* — *Hiram*, — *Hirou* (Khâkerî) ville d'Égypte. — *Hiroushaitou*, — *Hor* (Horos). — Horeb.—

(c) Herbelot 390.

---

(1) *Hashem*, une des plus anciennes tribus arabes. — *Hazor*, ville cananéenne. — *Heshbon* (Khesbon). — *Hezion*, roi de Damas. — *Hoshea.*— *Hous* (Aous), le dieu Hus de la Bible. — *Housaphaïti*, roi égyptien. — *Houssi*, peuple de de l'Élam.

Les habitants des montagnes à l'orient du pays des Koushites, vénérateurs fidèles d'*Ar* quoique vivant en termes d'amitié avec les archers, paraissent cependant avoir eu des relations plus intimes encore avec les laboureurs des vallées hindoues, puisqu'une fusion des idées religieuses *Ar* et *Am*, se manifeste dans le nom de *Rama*, une divinité puissante de la mythologie védique, dans laquelle je suis tenté de voir le prototype du *Brahma* primitif.

Les vénérateurs de la terre de l'Asie centrale apprirent des Sourya's à tourner leurs regards vers la voûte étoilée, d'où semblaient descendre les agents divers des forts d'en haut. Depuis ce moment ils comprirent qu'il y avait autre chose encore à vénérer que les facteurs de la fécondation opérant sous leurs yeux; leur conception se développa, ils ne se contentèrent plus de vénérer la pluie, le feu céleste et le vent, ils se mirent à chercher la source de la pluie, le foyer du feu, l'origine du vent. Alors ces corps célestes là-haut, au-dessus de leurs têtes, au-dessus même des plus hautes montagnes, ces corps célestes dont les pasteurs orientaux observèrent le cours, attirèrent leur attention, et ils se familiarisèrent avec l'idée que c'étaient des mondes inconnus où les puissances suprêmes avaient élu leur domicile. Parfois même, en se souvenant que partout où ils avaient constaté le mouvement ils avaient trouvé la naissance et la mort, ces autres manifestations de la vie, ils se demandèrent si le mouvement des corps célestes n'était pas aussi un signe de leur vie, une vie supérieure cependant à la vie humaine, autant que la puissance de ces êtres d'en haut était supérieure à la puissance de l'homme ; ils se demandèrent si ces mondes vivants ne pourraient pas être ceux-là même qui dardaient les rayons de chaleur et de lumière, qui pleuvaient, qui soufflaient, qui lançaient la foudre, qui tonnaient. Ils ne continuèrent pas moins à vénérer la terre, mais ils commencèrent aussi à adorer les êtres mystérieux d'en haut, et les noms d'*Am, An, On, Oum*, qui en langue koushite exprimaient l'idée de la terre vivante, dans le sens le plus général du mot, et de *Ka* ou *Ke*, (1)

. (1) Ce nom chez les Grecs devint la racine

qui en langue asvaresch exprimait la même idée, furent appliqués par eux aux corps célestes, ces „terres vivantes" qui se meuvent dans l'espace. Le sens du mot „An" s'étendit graduellement, jusqu'à ce que ce mot prit définitivement la signification de „céleste". *Ka-oun*, (1) terre céleste, devint alors synonyme d'étoile.

Parmi les noms anciens il y en a plusieurs qui représentent l'idée d'une adoration simultanée de différents éléments, mais il y en a aussi qui font preuve de la fusion de noms par lesquels divers peuples indiquaient le même élément. Les deux cas se rencontrent dans le nom d'une divinité mésopotamienne : *Amaroudouki*, que les Hébreux

---

de *Kia*, nom d'une amante d'Apollon et de *Gaïa*, la terre.

(1) De *Ka-oun* sont dérivés les mots *Kyoun*. — *Kaïn*. — *Kaioumer* (le puissant Kaï). — *Khan*. — *Kenan* — *Kun* (de la légende chinoise) et même le mot *Kuen* (chien en langue grecque). Ceci nous apprend de quelle façon on est arrivé à donner à l'étoile Sirius, un des *Ka-oun*, le surnom d'étoile du chien, un surnom qui à l'origine doit avoir été pris dans le sens d'étoile par excellence.

corrompirent en Mérodach. Le nom *Am-Ar-Oudou-Ki* indique clairement que son origine date d'une époque postérieure au mélange des Acads avec les Soumirs, puisque deux noms de la terre, de langues différentes *Am* et *Ki*, ont aidé à sa formation.

Soûr (Shi-Our), le Soleil, le grand foyer de chaleur et de lumière, et en cette qualité l'objet tout spécial de l'adoration des Sourya's — leur nom l'indique — à dû être aussi le corps céleste auquel s'adressa la première adoration de leurs nouveaux convertis. C'est à lui aussi que furent depuis appliqués les anciens noms sacrés de Va (Ea, Hou) et de Va-nva (Anou, l'Oannes des Grecs et Nouah).

L'adoration de la Lune ne fut qu'une conséquenee de l'adoration du Soleil. Lorsqu'au coucher de l'astre du jour son adorateur vit monter au ciel un autre corps lumineux, dont la dimension lui sembla de beaucoup supérieure à celle des nombreux corps célestes qui formaient son cortége, l'idée a dû lui venir que la lune partage avec le soleil la fonction de répandre sur la terre les bienfaits de la lumière et de la chaleur. Il maria ses deux protecteurs d'en haut et à la pâle épouse du brûlant Anou il donna le nom de *Davkina* (1) «l'étoile lumineuse.»

La vénération de *Va* (Ea, Hou) d'autant plus persistante qu'elle était plus ancienne, finit à la longue par suivre le courant évolutionnaire ; mais lorsque ses fidèles eurent à appliquer au soleil le nom chéri de la bonne mère, le changement de sexe les froissait et pour obvier à cette difficulté ils donnèrent à la conjointe de l'objet de leur adoration le même nom qu'à lui, mais afin de prévenir une confusion d'idées, au nom *Va*, quand il était question de la lune, ils accolèrent le préfixe et le suffixe féminins ת, qui lui donnèrent la forme de *Thavath*. Sous ce nom l'épouse d'Ea fut adorée à Ourouk, dit M. Tiele. (2) Elle paraît y avoir été identique avec la mère, ou la grande déesse Homoroka. (3) Ceci confirme encore

---

(1) *Dav*, en samskrit «div» lumineux ; *Kina*, corruption de *Ka-oun*.

(2) C. P. Tiele 185.

(3) *idem* 186. Lenormant II. 263.

une fois le système étymologique d'après lequel *Ourouk* serait dérivé d'*Ar-aga* (la haute et puissante) et *Homoroka* d'*Am-ar-aga*, (la terre haute et puissante.)

Anou paraît être la forme primitive, sous laquelle l'adoration du feu céleste se répandit dans la Mésopotamie; mais il vint un temps que la vénération de Rama (Ar-Am) introduite de l'Hindoustan, se convertit elle aussi en une adoration des corps célestes. Depuis lors l'adoration selon la conception des montagnards dans la Haute-Mésopotamie obtint la préférence sur l'ancienne adoration selon la conception des habitants des forêts et le nom de *Ram* en ce sens se convertit en celui de *Ramanou* (c'est-à-dire *Ram*, le fils ou successeur d'*Anou*.)

Il n'est pas improbable que dans l'Hindoustan eut lieu une fusion des idées *Var* et *Anou* qui donna lieu à la conception de la divinité *Varouna*.

Les descendants des peuplades venues du Çoughdâ et de la Bakhdî, qui de longue date avaient vénéré le feu, *Ash*, simultanément avec la terre et avec l'eau, semblent avoir introduit dans la Mésopotamie septentrionale d'abord, et dans la Mésopotamie méridionale ensuite, l'adoration d'*Ash-Ar* (1) un nom qui mieux que tout autre convenait à la conception du feu d'en haut. Cette forme primitive se conserva longtemps dans la Basse-Mésopotamie où l'élément koushite ou agadien était prépondérant et où on la retrouve dans le nom de la lune : *Ashera*, un nom qu'elle porte spécialement dans son caractère de protectrice des époux, voire même des amants.

La forme primitive „*Ashar*," sous l'influence des idées et de la prononciation des Sôs, se convertit en *Ash-Our*, nom d'une divinité dont le caractère devint toujours plus mâle, contrairement avec celui du doux *Ashar* des habitants des forêts qui devint de plus en plus affable. Dans un milieu semblable à celui où fut adoré *Ash-Our*, il n'y avait pas de place pour la voluptueuse *Ashera*. La pâle lumière de la lune y éveilla plutôt

---

(1) *Ash-Ar*, racine des noms *Ashsher*, tribu israélite, *Asarhaddon* et *Tougoultipalesharra*, rois d'Assyrie, *Asharou*, nom que les Égyptiens donnaient aux Syriens.

l'idée de froideur, d'austérité, de virginité. *Ashera* représentait-elle la fécondité, *Ashtarte*, la conjointe assortie de la chaleur brûlante *Ash-Our*, devint la représentante de la stérilité.

Les pasteurs paraissent avoir acquis une certaine considération dans les deux parties de la Mésopotamie. Dans les enceintes des grandes villes, telles que Babylone et Ninive, d'énormes terrains leur étaient alloués où ils pouvaient dresser leurs tentes et faire paître leurs troupeaux. Différentes tribus de Hamites cependant continuaient de mener la vie nomade de leurs ancêtres. Chez ces tribus, qui étaient tantôt sous l'influence des idées de la Haute-Mésopotamie, tantôt de celles de la Basse-Mésopotamie, la fusion des idées *Ash-Am* paraît avoir fait naître la conception d'une répartition du gouvernement suprême entre sept grands foyers d'où rayonnait le feu céleste : le soleil, puissant entre tous, bienfaisant à ses heures, souvent destructif, despotique toujours, la lune, sa corégente blanche et pudique et les cinq étoiles qui formaient leur cortége et qui étaient en même temps les grands dignitaires de l'empire céleste. La racine *Ash-Am* se retrouve dans le nom qu'en ce système mythologique on donna au soleil, *Sama* ou *Samsi* dans l'Assyrie, *Shemesh* (1) parmi ceux qui, prenant la route de Damas, se répandirent dans les vallées de la Palestine centrale, et dont les Éphraïmites du temps des Juges descendaient probablement en ligne directe. Les Hamites, adorateurs de Shemesh, figurent depuis ce temps dans l'histoire de l'Orient sous le nom de Sémites, pour les distinguer des tribus qui longtemps encore restaient fidèles à leur ancienne vénération de *Ham*, la chaleur fécondante. La lune, corégente de *Sama*, prit le caractère de sa chaste épouse, mère de tout ce qui existe, tenant par conséquent le milieu entre la vierge (la stérile) *Astarte* et la volup-

---

(1) *Shem*, en arabe, signifie „flèche". Le mot hébreu שמשא (lumière rayonnante) et le mot parsi: *Gem* se rattachent évidemment à cette racine. Les Grecs représentent leur dieu-soleil *Apollon* comme lançant des flèches, c'est-à-dire l'ancien symbole de la foudre des Scythes converti en rayons de soleil.

8

tueuse *Ashera*. On la nomma *Bilit, Mylitta* ou *Allat*, selon la localité où elle fut invoquée. Le nom d'*Allat* paraît être un dérivé d'*Alla-Ad*, la dame forêt, ce qui semble être confirmé par le fait que l'adoration d'*Allat* était étroitement liée avec celle de *Thavath*. Elle est quelquefois représentée comme une divinité sanguinaire, d'où on peut conclure que dans la Haute-Mésopotamie elle s'assimila à la vierge guerrière.

Tout le contraire arriva à la lune, considérée comme conjointe du dieu Ramanou. Lorsque ce dieu se dédoubla en astre du jour et en astre de la nuit, la lune reçut le nom d'*Am-Ar* avec le préfixe féminin ת, soit *Tamar*. Ce nom en Chaldéen prit la signification de „palme", l'arbre qui était le symbole par excellence du culte érotique de la Basse-Mésopotamie. Elle paraît donc s'y être identifiée avec *Bin-Oud*, la voluptueuse, que plus tard on retrouve dans la Judée sous le nom de בְּנוֹת (*Benoth*) et parmi les Romains sous le nom de *Venus*. Les Grecs, en faisant naître de l'écume de la mer leur déesse de l'amour, semblent vouloir faire entendre que l'adoration d'*Aphrodite* est dérivée de la vénération de l'eau, l'élément fécondant, une dérivation déjà indiquée par le nom même: *Ab-Ar-Ad*, l'eau d'en haut (qui féconde) la forêt.

V.

SIT, vainqueur d'Osiris, régne 400 ans (1). — En l'an 363 de son règne il fait la guerre avec ses archers et ses chars (2). — Osiris, forme de Râ (3), méconnu par les hommes, les tue et monte aux cieux. Shou lui succède" (4). — Voilà quelques données mythologiques qui s'adaptent merveilleusement à un récit de Justin, parlant des Scythes, „qui trois fois aspirèrent à la conquête de

---

(1) Maspéro 40. (2) *idem*. (3) Maspéro 35. (4) Maspéro 34.

l'Asie" (1). „Sésostris, roi d'Egypte, osa le premier marcher contre eux, précédé de députés chargés de leur dicter ses lois. Mais les Scythes avaient été instruits par leurs voisins de l'approche de l'ennemi: ils répondent aux envoyés: „qu'il est bien imprudent au souverain d'une riche nation de provoquer un peuple pauvre, dont il devait plutôt redouter l'attaque au sein de son pays; que l'issue de la guerre sera douteuse, sa victoire sans espérance et sa défaite sans ressource; qu'enfin loin d'attendre un ennemi contre lequel ils ont tout à gagner, eux mêmes vont courir à lui, comme à une proie assurée", et ils partent aussitôt. A la nouvelle de leur marche rapide le roi prend la fuite, et, laissant son armée et ses vastes préparatifs, il se retire plein d'effroi dans son royaume. Arrêtés par les marais de de l'Égypte, les Scythes reviennent sur leurs pas, et imposent à l'Asie subjuguée un léger tribut, plutôt comme monument de leur puissance que comme fruit de leur victoire. Après quinze ans employés à la conquête

---

(1) Justin 22.

de l'Asie, ils sont rappelés par les menaces de leurs femmes, résolues „si cette absence se prolonge encore, de chercher d'autres époux chez les peuples voisins et de ne pas laisser la nation des Scythes s'éteindre par leur faute." L'Asie paya tribut pendant quinze cents ans : elle en fut affranchie par Ninus, roi d'Assyrie" (1).

Le règne du roi mythique Ninus, le soi-disant fondateur de Ninive, correspond avec la chute de l'empire soumirien et la fondation du grand empire babylonien vers l'année 2200, selon M. F. Lenormant (2), ou l'année 2100 selon M. M. Rawlinson et Oppert (3). Les 1500 ans de Justin nous reportent donc à 3700 ou 3600 avant notre ère, où aurait eu lieu une guerre des Scythes contre les Égyptiens sous le règne d'un roi du nom de Sesostris. Il y a ici une erreur manifeste. L'Égypte a eu deux rois Sesostris, — Ousirtesen III de la XIIe dynastie et Ramsès II de la XIXe dynastie, — qui tous les deux vivaient trop tard pour être

---

(1) Justin 23, 24. (2) Lenormant II, 37.
(3) Lenormant II. 23.

le roi en question. Justin paraît avoir été induit en erreur par une similitude de nom. Le pharaon dont il parle sera probablement Sesokhris, le roi géant (scythe) de la IIIe dynastie (1), qui doit avoir vécu vers l'époque indiquée. L'hostilité d'un roi scythe contre les Scythes de la deuxième migration n'est aucunement en contradiction avec cette hypothèse.

Les nouveaux envahisseurs, bien qu'appartenant à la même nation étaient originaires d'une autre contrée que celle dont venaient les ancêtres des habitants du Delta, qui d'ailleurs par une résidence de quatre siècles dans le pays conquis, s'étaient éloignés du type scythe à mesure qu'ils s'étaient faits Égyptiens. Les Scythes orientaux de leur côté, en se civilisant au contact de leurs voisins, les pasteurs, avaient peu à peu perdu le souvenir de leur parenté avec les Scythes occidentaux, qu'ils traitaient de barbares et qu'ils refoulèrent sans cesse. La vérité de ce fait peut être constatée par la fréquence du son **O** et **Ou** dans la contrée d'entre la

---

(1) Maspéro 69, voir aussi Maspéro 47.

mer Noire et la mer Caspienne, par exemple dans les noms Oural, Sauromathie, Tauride etc.

Ceux qui donnaient l'éveil aux Égyptiens, étaient probablement des Scythes occidentaux, qui à l'approche de l'ennemi commun cherchèrent à s'assurer la protection d'une nation puissante, un peu apparentée.

La victoire des envahisseurs paraît avoir été beaucoup plus éclatante, et leur occupation du Delta beaucoup plus complète qu'on ne le supposerait en prenant à la lettre le récit de Justin, puisque l'introduction en Égypte de l'adoration du feu céleste bienfaisant date de ce temps. Le nom *Our* dans la bouche des pasteurs se modifia en *Hor*, et la fantaisie aidant, ce *Hor* ne tarda pas à être représenté comme un roi divin, successeur de son père *Osar*, et meurtrier de sa mère *As*. Ce récit allégorique transmet évidemment le souvenir de l'introduction du culte d'*Our*, originaire de l'Asie centrale, qui dans l'histoire religieuse de l'Égypte, remplaça l'ancienne vénération du Nil, et tua ou détruisit la vénération primitive, celle de la terre. L'adoption de la nouvelle conception eut pour résultat le transfert du siége imaginaire des éléments. Les Égyptiens eux aussi tournèrent vers le ciel les regards qui cherchèrent la cause des phénomènes de la nature, cause que jusqu'alors ils avaient cru trouver sur la terre. *Seb* devint le représentant du chaos primordial, *Nou* la représentante de la mer céleste — les nues —. *As* s'identifia avec la lune, *Râ* ou *Osar* avec le soleil fécondant. *Hor*, le feu céleste, dont le soleil était considéré comme le foyer principal, prit le caractère de l'astre rayonnant répandant la lumière du jour, symbole de la vie.

La conception *Hor* se développa graduellement, mais, sous le nom de *Hor-our*, l'idée primitive des Sourya's resta néanmoins longtemps en honneur. Bien des siècles plus tard l'ancien *Hor* reçut encore sa part dans les hommages que la piété égyptienne offrait aux divinités protectrices. Sous le nom d'*Harpa chrouti* (l'Harpocrate des Grecs) il est représenté comme un enfant, assis sur les genoux de sa mère *As*, les jambes ballantes et le doigt à la bouche (1);

---

(1) C. P. Tiele p. 34.

il figure alors l'*Horos* légendaire, le fils d'*Osiris*, l'ennemi acharné de son oncle *Typhon*, meurtier de son père, l'*Horos* qui après avoir remporté la victoire, tue sa mère *As* et se met sur le trône paternel (1).

Le *Typhon* dont il est question dans cette légende est une forme confuse du *Sît* des Scythes et du *Tebh* ou *Phtah* des colons primitifs du Delta. Il représente le culte officiel de la Basse-Égypte sous les rois de la troisième dynastie qui donnèrent le coup de grâce à l'autorité de la vénération originale des agriculteurs et des pasteurs alliés de la Haute-Égypte : *As-Ar-Râ*. L'usurpateur *Typhon*, ou le culte prédominant du Delta perdit son autorité depuis l'invasion des Sourya's et de leur adoration d'Our, le feu céleste. Cette adoration, une fois introduite dans le Delta, s'y maintint, parceque ceux qui l'y apportèrent y trouvèrent dans les descendants de la première armée conquérante, des hommes d'autant plus faciles à convertir à leurs idées, qu'ils étaient déjà familiarisés avec les idées tant soit peu analogues des Scythes occidentaux.

---

(1) Plutarque. De Isis et Osiris.

Les idées religieuses des agriculteurs, qui avaient su résister à l'influence de la vénération de *Sit* succombèrent sous la prépondérance que prit l'adoration de *Hor*. Elles se réduisirent en un souvenir vénéré de l'affection respectueuse que les ancêtres avaient eue pour la terre et pour l'eau. C'est en ce sens, il me semble, que doit être expliquée la légende de *Hor* victorieux. Monsieur Tiele semble faire allusion à la déchéance de la vénération de *Sit*, quand il dit: „On commença à faire aux crocodiles une guerre d'extermination; la défaveur atteignit également *Sebak*, la déesse scythe à tête de lion" (1).

Depuis cette époque *Isis* et *Osiris* figurent dans la mythologie égyptienne complétement dépouillés de leur caractère primitif de principes naturistes, ils prennent rang dans le panthéon des divinités sidérales, et se prévalant de leur ancienneté, ils revêtissent dans la légende le caractère de mère et de père du nouveau dieu supérieur.

Il est à peu près certain que l'adoration

---

(1) C. P. Tiele. 89.

du dieu *Shou* fut introduite en Égypte vers la même époque où celle du dieu *Hor* y fit son apparition. On pourrait en conclure, il me semble, qu'à l'armée des Sourya's, adorateurs d'*Our*, qui pénétra en Égypte du temps de la troisième dynastie, s'était joint un corps de soldats du Çoughdâ, adorateurs de *Shou* ou *Sôs*, ce qui est d'autant plus probable que les deux nations avaient une origine commune, que leurs idées religieuses se ressentaient de cette parenté et que dans le Delta égyptien les conceptions *Shou* et *Hor* se touchaient de si près, que souvent elles s'y confondaient. *Shou* est nommé le fils de *Râ* (1), ce qui le rend identique avec *Hor-Our*. „Il n'est autre", dit M. Tiele (2), „qu' Horos ailé."

La différence entre *Shou* et *Hor*, au moment de leur introduction, paraît cependant avoir été assez notoire pour que les Égyptiens pussent les distinguer l'un de l'autre; et qu'ils pussent même se former une idée nette et précise de chacun d'eux. Ceci résulte du fait que l'adoration de *Shou* pénétra

---

(1) Maspéro 33. (2) p. 57.

dans la Haute-Égypte plus facilement que ne le fit celle de *Hor*, ce qui n'est pas étonnant. Thèbes qui devint le centre du culte de la divinité fluviale asiatique, n'était-elle pas une des villes sacrées de la vénération de *Râ*, le fleuve égyptien ? Les divinités de l'élément liquide, lors même que sous l'influence de l'adoration des puissances d'en haut elles avaient dû quitter la terre et monter au ciel, conservaient toujours les traits caractéristiques de leur humble origine. *Shou* eut beau se confondre avec *Hor*, il n'en resta pas moins l'eau divinisé, celui qui „au jour de la création soulève les eaux d'en haut" (1).

„Mais *Shou*", dit encore M. Tiele, „ne s'est pas seulement confondu avec *Hor-Hout*, l'Horos d'Edfou, le dieu de la barque ailée du soleil" (2), il s'est aussi assimilé à *Anhour*, le dieu guerrier, armé du glaive, révéré à Abydos" (3), car, dit le savant auteur „il est sans doute une des formes du dieu que nous verrons adoré à Héliopole et plus tard à Thèbes, sous le nom de *Shou*" (4),

---

(1) Maspéro 71.   (2) p. 57.   (3) p. 33.
(4) *idem*, voir aussi Maspéro, 26.

Il est donc évident qu' Abydos a emprunté sa divinité spéciale à On de la Haute-Égypte, ce qu'indique d'ailleurs le nom d'*Anhour — Our*, le feu adoré à *On* ou *An*, l'ancien siége du culte de la terre.

Les Sourya's et les Sôs, le transfert du siége de leurs divinités du Delta vers la Haute-Égypte le fait supposer, semblent avoir été refoulés par les rois, adorateurs de *Sît*, et s'être mêlés aux habitants de la Haute-Égypte, leurs coreligionnaires, dans le sens de l'adoration mutuelle de divinités bienfaisantes.

Le règne des successeurs immédiats de Sésokhris, ou plutôt Zosertiti, fut marqué par l'invasion des Chamites, chassés du vaste pays de Koush (des Archers), qui, après avoir traversé la Basse-Syrie et l'Arabie, passèrent le détroit de Bab-el-Mandeb, ou bien l'isthme qu'on croit avoir existé en cet endroit, se jetèrent dans l'Éthiopie et de là se répandirent dans l'Égypte.

La tradition sémitique a gardé le souvenir de cette migration. Elle fait de Mizraïm (l'Égypte) et de Koush (l'Éthiopie) deux fils de Cham, le fils de Noé, et elle prétend que la couleur noire des descendants de Cham est la marque indélébile de la malédiction qui frappa la famille du fils irrévérencieux de celui qui avait la charge de repeupler la terre.

L'origine éthiopienne du culte de Cham a laissé un moyen de constatation dans l'ancienne langue égyptienne. Dans cette langue le sol noir de la Haute-Égypte, et de l'Éthiopie, la patrie des autochtones, de la population noire, était désigné sous l'appellation de *Kem*, la noire, pour distinguer cette contrée des pays au sol rouge et argileux, la Syrie et la Lybie (1).

Koptos devint le siége principal du culte de la chaleur. „Sa divinité est communément désignée sous le nom de *Chem*" et est „représentée suivant l'expression égyptienne „dans la figure de sa force", c'est-à dire sous l'image d'une momie ou en *gaîne*, dans la forme ithyphallique, le bras levé et un fouet à la main, la double aigrette haute sur la tête. A ces attributs on reconnaît le dominateur divin et le dieu de la

---

(1) C. P. Tiele 18.

fertilité. Ses deux noms *Chem* et *Min* ou *Men* répondent à ses deux attributs. *Chem* signifiant: dominateur, et *Men*: celui qui féconde; c'est le principe de vie, la force génératrice cachée de la nature, le créateur qui donne au monde la fécondité. A ce titre il occupait la première place dans la grande fête de l'agriculture...." (1)

Cette description du dieu *Chem* s'accorde si exactement avec celle de *Ham*, que l'introduction en Éthiopie et en Égypte du culte des Chamites, expulsés de la Mésopotamie, ne laisse pas le moindre doute.

„Le dieu égyptien *Chem*", dit encore M. Tiele (2), „est aussi une forme d'Amoun, c'est-à-dire il lui est identique, ou plus exactement ce sont deux formes de la même conception divine. Le grand dieu de Thèbes sous les dix-huitième et dix-neuvième dynasties, *Amoun* ou *Amoun-Ra*, ne fut certainement pas la forme primitive de cette divinité, mais un développement sacerdotal du type originel. Le nom de Men ou Min n'est pas en réalité une abréviation ou bien

---

(1) C. P. Tiele 82. (2) *idem* 81—82.

un surnom d'*Amoun*. On trouve des représentations de *Chem* au-dessous desquelles on lit: „*Amoun-Râ*, roi des dieux", preuve certaine que déjà dans l'antiquité on avait conscience de l'unité des deux divinités. De son côté Amoun est appelé dans son grand temple de Karnak: „l'époux de sa mère". Le double sens de la racine: *Men* a amené à l'adorer comme le dieu qui, en fécondant le monde, le maintient et le conserve. Cependant son nom signifiait aussi „le caché", idée en parfaite harmonie avec le caractère de la force active de la nature, qui est une force mystérieuse et cachée. Aussi la théologie sacerdotale représente-t-elle de plus en plus Amoun comme le dieu suprême invisible. Nous le répétons, cette conception n'a rien de primitif, mais après un progrès lent elle se dégagea du caractère originel de la divinité Thébaine .... Amoun, en tant qu' Amoun-Râ était souvent représenté avec une tête d'épervier, et il est, lui aussi, un dieu guerrier".

„Pendant des siècles, alors même qu'Amoun-Râ avait été élevé au premier rang, Chem était encore adoré à Thèbe, dans la ville sainte d'Amoun-Râ" (1).

„Il (Chem) est encore représenté dans son coffre sacré; derrière la statue du dieu en effet s'avancent quatre prêtres portant une arche semblable à l'arche sainte des Israëlites. De cette arche sortent cinq arbres. Le taureau blanc ou fauve (Ména, consacré à Men, c'est-à-dire à Chem) apparaît deux fois dans le cortége" (2).

Tout cela prouve suffisamment que les Chamites, venant du Sud, reçurent dans la Haute-Égypte un accueil favorable des anciens colons asiatiques d'On (Héliopolis) qui avaient apporté à On (Hermonthès) le culte de la terre, *Am*, (Amoun c'est-à-dire *Am* de *On*) et qui reconnurent dans le culte des Chamites celui de leurs pères, légèrement modifié. Cette modification même augmenta leur sympathie, puisqu'elle différait guère de celle que sous l'influence de leur milieu actuel ils avaient, eux aussi, fait subir aux idées primitives.

Les cinq arbres qui sortent de l'arche de *Chem*, et la parole „Osiris s'élance", qu'on

---

(1) C. P. Tiele 83, (2) *idem* 83.

lit sous un acacia qui sort d'un autre spécimen de cette arche (1), ont un rapport évident avec l'ancienne vénération des éléments, considérés comme principes de la fécondation et de la production, la croissance étant une manifestation de la puissance mystérieuse ou cachée de la nature.

Les relations suivies entre les habitants de la Haute- et de la Basse-Égypte opérèrent une fusion des idées religieuses et *Chem*, le dieu introduit par les Chamites, devint par là une forme particulière d'Horos, le dieu des Sourya's. Depuis on le trouve fréquemment désigné sous l'appellation de „*Chem*, le victorieux *Horos*, le fils d'Osiris", ou „le fils d'Isis" (2).

La consécration à *Men* ou *Chem* du taureau blanc ou fauve démontre qu'en Égypte, comme en Asie, c'était par l'intervention des pasteurs qu'en *Horos-Chem*, le représentant du soleil „envisagé comme la force fécondante de la nature" (3), se confondirent la vénération naturiste et l'adoration sidérale.

Le culte des bocages, un dérivé de la

(1). C. P. Tiele 83 note. (2) *idem* 81. (3) *idem* 83.

vénération de la terre boisée, paraît avoir été introduit en Égypte par la voie du Sud et par la voie du Nord. Les arbres qui sortent de l'arche de Chem paraissent appartenir à l'apport des immigrants Chamites, le culte de *Thot* au contraire, une modification du culte forestier d'*Oud*, semble avoir été introduit par la route de l'isthme de Suez. Thot, le dieu mystique, astrologue et magicien, figure en qualité de ministre et de conseiller d'*Hor Harmakhouti*, lorsque ce roi divin partit avec ses archers (synonyme d'habitants des forêts de la Basse-Mésopotamie) et ses chars pour faire la guerre à *Sit*, le dieu de la foudre, une expédition dans laquelle le commandement des troupes est confié à l'héritier présomptif de la couronne, auquel la légende égyptienne donne le nom de *Harhoudti* (1), (Our-Oud).

Le siége principal du culte du dieu *Thot* était à Khmounou, la ville qui plus tard reçut le nom d'Hermopolis. Cette ville était située dans le nome d'Ourou, à moitié chemin environ entre les centres des cultes de Râ

---

(1) Maspéro 40.

et de Sit, assez loin du Nil et proche du canal qui porte aujourd'hui le nom de Bahr-el-Youssouf (1).

Le culte du dieu *Thot* était surtout en honneur sous la quatrième dynastie; la femme du roi Khéphrên, la reine Mirisânkh, était prêtresse de *Thot*; un de ses parents, le prince Minan, était grand-prêtre de *Thot* à Khmounou (2), et, chose digne de remarque, à la même dynastie appartiennent le roi Doudoufri que les listes monumentales intercalent entre Khéops et Khéphrên (3) et le prince Doudoufhor, le fils du roi Menkeri et le petit-fils du roi Khéphrên (4). Les noms des membres des familles royales de la haute antiquité étant généralement empruntés à ceux des divinités auxquelles ces princes vouaient un culte particulier, le rapprochement du dieu magicien *Thot* et du dieu *Oud* adoré dans le pays des mages, devient tout naturel à l'aide de pareils noms.

L'immigration koushite par l'isthme de Suez continua jusque sous le règne de

---

(1) Maspéro 22. (2) *idem* 63—64. (3) *idem* 63. 4) *idem* 66.

Snofrou, le dernier roi de la troisième dynastie. Ce prince se déclara ouvertement pour le parti des Sourya's, il adora le dieu *Our*, il fit exploiter, pour le compte de l'Égypte, les mines de cuivre et de turquoises du Sinaï, il fit la guerre aux tribus nomades (Mentiou) qui harcelaient sans cesse la frontière orientale du Delta, pénétra jusqu'au fond de la péninsule du Sinaï, et pour mettre désormais la Basse-Égypte à l'abri des incursions, il garnit la frontière d'une série de forteresses, dont une au moins, Shé-Snofrou, existait encore sous les premiers rois de la douzième dynastie. Un des bas-reliefs d'Ouady-Mogharah, trophée de sa campagne, nous montre le roi des deux Égyptes, le seigneur des diadèmes, le maître de justice, l'Hor vainqueur, Snofrou, le dieu grand, écrasant de sa masse d'armes un barbare, terrassé devant lui" (1). Ce barbare, il n'y a pas à s'y méprendre, personnifie la nation des Koushites, nomades pour la plupart, détestés par les habitants du Delta, mais plus encore par les agriculteurs des rives du Nil.

---

(1) Maspéro 59.

Sous les rois de la quatrième dynastie le pouvoir des Sourya's était à son apogée. Leur prépondérance était telle alors que les chroniques ne parlent des „Serviteurs de Hor" qu'avec la plus grande estime, et qu'elles les représentent comme la nation célèbre du monde primitif (1). Si, comme on veut, les Turcs et les Turcomans de l'Asie sont leurs descendants, il n'est pas improbable que les Touaregs du Sahara puissent, avec tout autant de droit, revendiquer cet honneur.

Khéphrên, l'illustre roi de la quatrième dynastie est appelé „l'*Hor* coeur puissant, le bon Hor, le dieu grand, seigneur des diadèmes „l'Hor et le Sit". La dernière épithète fait non seulement preuve de l'association des deux divinités, mais elle témoigne encore de la préférence qui était donnée à *Hor*, puisque c'est lui qui est nommé le premier.

L'avénement des Sourya's sur le trône des deux Égyptes inaugura une ère de grande activité industrielle. Tous les rois adorateurs

---

(1) Maspéro 49.

d'*Hor* depuis Snofrou étaient des rois constructeurs. Ce sont eux qui ont fait ériger les grandes pyramides, ces tumulus monumentaux, preuves irrécusables que les adorateurs du feu céleste en Égypte — comme partout ailleurs — enterraient leurs morts.

Le culte d'Hor, plus bénin que le culte de Sit, achevait la conversion des vénérateurs des éléments. Les regards s'habituèrent alors à se tourner respectueusement vers la voûte céleste, lorsque la voix invoquait ou qu'elle rendit grâce. A la vénération de forces qui agissent succéda l'adoration de volontés qui organisent. Des êtres célestes idéalisés réclamèrent le tribut si longtemps payé à des éléments matériels. La *divinité* se détacha du fond rayonnant, *div.*

V

"Dès l'an 2029 avant notre ère", dit Monsieur Fortia d'Urban (1), "l'empereur Hoang-ti nomma deux officiers, ou deux mandarins, pour avoir soin d'écrire l'histoire de l'empire, et ce fut le premier usage que l'on fit à la Chine de l'écriture qui venait d'y être inventée".

Ce passage est plein de révélations.

Si l'âge d'une nation se calcule depuis

---

(1) Histoire anti-diluvienne de la Chine I, 8.

l'ère de son histoire relative, et si cette ère précède guère la date de l'invention ou de l'introduction de l'art d'écrire, la nation Chinoise, malgré ses prétentions stupéfiantes ne serait en réalité qu'une nation peu ancienne, puisque des inscriptions encore existantes il est facile à prouver que bien des siècles avant le règne du roi Hoang-ti, l'Égypte avait déjà ses hiéroglyphes et la Mésopotamie son écriture cunéiforme. Ces pays enrégistraient donc les événements de leur histoire, leurs inventions et leurs découvertes, leurs progrès dans les sciences et les arts, lorsque la Chine n'avait encore que sa tradition orale, et que probablement elle n'était encore peuplée que de barbares, d'ignorants et d'oisifs. La tradition chinoise paraît admettre ce fait, car le même M. Fortia d'Urban avoue d'après des autorités chinoises, que „les premiers peuples qui habitèrent la Chine, n'en occupèrent d'abord que la partie septentrionale et occidentale" (1), ce qui semble indiquer que les premières notions artistiques et scientifiques

---

(1) Histoire anti-diluvienne de la Chine I, 65.

ont été importées par une immigration venant du nord-ouest. Cette immigration peut très bien avoir eu lieu en 2029, l'année assignée à l'introduction de l'art d'écrire, et si cela pourrait être constaté, nous aurions en même temps la preuve que le courant civilisateur qui alors se manifesta en Chine n'était autre que celui qui à la même époque envahit le plateau d'Iran, et qui du versant des Himalaya's se répandit dans les campagnes de l'Hindoustan.

La nation mère des civilisateurs de la Chine, des Iraniens et des Arya's paraît d'abord avoir habité la contrée d'au-delà des monts Imaus. Elle prit en s'émigrant la même route environ, que 1500 ans plus tôt avaient pris ses proches parents, les Tourya's. Peut-être que lentement, d'étape en étape, ils ont pris possession de pays qu'abandonnaient leurs voisins. Les Védas hindous et les livres sacrés du Mazdéisme ont conservé le souvenir d'une longue pérégrination.

„Avant de s'abattre sur le sol d'Iran", disent les livres zends, „les Aryens avaient habité des régions diverses, qu' Ahouramazdâ, le dieu bienfaisant, créait pour eux, mais d'où les manoeuvres du mauvais principe, Angrômainyous, les chassaient toujours. Forcés par le froid de déserter l'Airyanêm-Vâedjô, ils se répandirent sur le Çoughdâ (la Sogdiane) et la province de Mourou (la Margiane, aujourd'hui le canton de Merv). Les guerres civiles et les incursions des nomades voisins les contraignirent à s'exiler et ils se détournèrent vers l'est dans Bakhdî (la Bactriane), le pays des hautes bannières, puis vers le Sud-est dans la contrée de Niçâya, qui est contre Bakhdî et Mourou. A partir du Niçaya, ils pénétrèrent sur le plateau de l'Iran par l'Haroyou (l'Ariane) et descendirent sur le Vaêkereta-Douhzaka, où ils se séparèrent en plusieurs corps de nation" (1).

La légende persane, qui reconnaît la proche parenté des Iraniens et des Touraniens, prétend que les Iraniens étaient les descendants d'Iretz et les Touraniens ceux de Touran, deux fils du roi Féridoun, et elle

---

(1) Maspéro 490/1, voir le Vendidad, Fargard I (Kleuker's Zend-avesta II 299 etc.)

relate que peu de temps après la mort de ce monarque une guerre fratricide éclata entre les habitants des deux parties de son empire, qui ne se termina que longtemps après par le refoulement définitif des Touraniens.

Cette légende s'appuie sur l'autorité du Boun-Dehesh, un des livres sacrés conservés par les Guèbres de Bénarès et par ceux de l'île de Ceylan. La critique, il est vrai, n'accorde qu'une ancienneté relative à ce livre qui contient les preuves incontestables de n'avoir pû être rédigé avant le septième siècle de notre ère; mais tout en admettant la possibilité que la rédaction que nous connaissons date effectivement de la dite époque, avons-nous pour cela le droit d'affirmer que cette rédaction est originale, et d'écarter du débat la possibilité qu'elle soit le remaniement d'un texte beaucoup plus ancien qui ne contenait pas les passages incriminés? Je ne le crois pas; et je ne le croirais pas même si je n'aurais aucun motif pour admettre la probabilité d'une rédaction primitive de beaucoup antérieure à celle qui est parvenue à notre connaissance. J'admets cette probabilité et voici pourquoi. Si le texte originel du Boun-Dehesh datait du septième siècle de notre ère, le livre aurait été rédigé dans une des langues vivantes de cette époque, mais cela n'a pas eu lieu, bien au contraire, tous les exemplaires encore existants du Boun-Dehesh sont rédigés dans la langue pehlevi, une langue morte depuis longtemps à la date sus mentionnée. Celui qui a fourni le texte connu peut avoir été un des rares savants versé dans l'ancienne langue, devenue sacrée, et tenant en haute considération le texte originel, il a pu y avoir fait quelques interpolations, mais certes il n'aurait pas écrit un livre, destiné à l'édification de ses co-religionnaires, dans une langue qu'ils n'entendaient plus.

Il est très probable d'ailleurs que les interpolations soient très-peu nombreuses, et qu'elles ne tirent pas à conséquence, car l'ensemble du Boun-Dehesh a tout l'air de n'être qu'un réarrangement de passages extraits de livres sacrés de la plus haute antiquité. Les parties du texte qu'on peut contrôler sont si rigoureusement conformes à des passages correspondants des livres zends, qu'il y a tout lieu à croire que les parties non contrôlables ont tout aussi exactement été transcrites de livres qui ne sont pas parvenus à notre connaissance, en sorte que le Boun-Dehesh, quoiqu'étant d'une rédaction postérieure à celle des autres livres sacrés, n'en est pas moins un document mazdéen digne de la haute considération dont il jouit parmi les adorateurs du feu encore existants.

Les autres livres sacrés du Mazdéisme, tous rédigés en langue zend, semblent dater du règne de Darius Hystaspe, roi de Perse. La rédaction de ces livres est attribuée à un prêtre célèbre de cette époque, à qui on donne habituellement le nom de Zoroastre; mais que l'on croit être le second de ce nom. On prétend que ce second Zoroastre ait revu des textes anciens délaissés par un profond penseur, originaire de la ville de Balkh, capitale de la Bactriane, qui aurait vécu sous le règne du roi légendaire Goustasp, le fils de Lohrasp et que l'on croit avoir été le premier Zoroastre. Ce nom de Zoroastre ou de Zeroastros paraît être une corruption grecque du mot zend Zerethoshtro (dérivé de *Zere*, or et de *Toshtre*, étoile) qui signifierait: „Etoile brillante" (1), et qui devrait être pris dans le sens d'un titre honorifique qu'auraient porté les deux grands apôtres du Mazdéisme.

L'oeuvre de l'homme de Balkh étant perdue il est impossible de restituer à chacun des deux auteurs inconnus sa part dans la rédaction des livres zends. Voyons ce qu'une étude comparée de ces livres, et l'analyse des doctrines y consignées, nous apprend au sujet des phases de l'évolution mazdéenne.

Les Scythes orientaux, ou Aryens, c'est-à-dire les ancêtres des Iraniens et des Touraniens vénéraient depuis un temps immémorial le feu sous le caractère d'un élément bienfaisant. Les Touraniens, par suite de leurs relations intimes avec les descendants des Scythes occidentaux, avec les montagnards et avec les pasteurs nomades, se convertirent au culte sidéral symbolique qui, pour les masses, tourna rapidement à l'idolâtrie. Les Aryens, l'arrière-garde de la

---

(1) Kleuker's Zend-avesta III, 4.

nation scythe orientale émigrante, apportèrent dans leurs nouvelles patries, intacte de toute souillure, la vénération des éléments bienfaisants. Ils avaient, eux aussi, subi l'influence de différents milieux; mais à toutes les étapes de leur longue pérégrination ils avaient trouvé la confirmation de leur idée primitive, bien que la gradation du respect pour le feu, pour l'eau et pour la terre, variât selon le climat et la nature du sol. Cette nuance des idées provenant d'une même conception, avait attiré leur attention, ils s'étaient mis à réfléchir, à comparer, à chercher la cause de cette dissemblance de forme entée sur une identité de fond, et d'abstraction en abstraction ils étaient arrivés à trouver le point de départ des vénérateurs des éléments bienfaisants. Depuis ce moment ces éléments devinrent à leurs yeux des manifestations des forces cachées de la nature, les symboles de la fécondation et de la vie, de la chaleur et de la lumière, de la bonté et de la pureté; mais la conception nouvelle, élaborée par un raisonnement lent et profond, d'une logique serrée, fut assez clairement définie dans le Mazdéisme pur pour que l'estime du symbole ne pût se corrompre en un culte idolâtre.

Le mot *Ar*, l'ancien nom de la montagne, prit alors la signification d'élevé, de sublime, et le feu d'en haut fut symbolisé par un feu allumé par les rayons du soleil et brûlant sur un autel placé sur une montagne, sur un haut lieu, sur une pyrée (1). Le nom Aryen ne peut donc avoir signifié tout d'abord qu'adorateur d'*Ar*, montagne, mais sa signification changea selon que le sens du mot *Ar* se modifia successivement. La racine *Ar* se retrouve dans Airyanêm-Vaedjô, le nom de la patrie primitive, et dans Haroyou, celui du pays que les Aryens venaient de quitter lorsqu'ils se répandirent dans l'Iranie. *Ar*, d'abord converti en Air, en Har et en Ir paraît même avoir pris la forme d'Aour — en Aouramazda (Ar-Am-Ash-Ad, la personnification des quatre objets vénérés par les différents peuples qui s'assimilèrent aux vainqueurs-philosophes) — avant de passer à la forme Our que les Tourya's avaient déjà consacrée. Cette permutation de la voyelle se retrouve dans les

---

(1) Temple construit en forme de pyramide.

différentes lectures du nom corrompu du dieu-créateur : Ormazd, Ormizd et Ormouzd.

Le feu, l'eau et la terre sont assez souvent cités dans les livres mazdéens sous le caractère d'éléments primitifs, d'émanations directes, d'agents médiateurs de la force productrice primordiale, et comme tels des symboles de sa majesté, qu'on devait respecter et conserver dans un état de pureté. En voici quelques exemples :

„Un impur qui entre dans l'eau, qui foule un terrain boisé, ou qui met le pied sur un chemin où il y a du feu, sera puni de 400 coups de lanières" (1).

„Impur est celui qui jette un cadavre dans l'eau et dans le feu" (2).

„La terre de sépulture est impure" (3).

„Le lieu de la purification doit être dénudé d'arbres et être à une distance de 30 gams (90 pieds) du feu et de l'eau" (4).

---

(1) Vendidad, Fargar VIII (Kleuker's Zendavesta II 348). (2) Vendidad, Fargar III (Kleuker's Zend-avesta II 334). (3) Vendidad, Fargar VI—VIII (Kleuker's Zend-avesta II 328—348). (4) Vendidad, Fargar IX (Kleuker's Zend-avesta II 349).

Ces passages du Vendidad nous apprennent en outre que les anciens Persans ne brûlaient pas leurs morts parcequ'ils regardaient le feu comme le symbole le plus sublime de la pureté, mais qu'ils les enterraient dans des endroits sinon stériles, du moins dépourvus de végétation, partant ne présentant pas le caractère du symbole de la force productrice.

Les mots *Ateresh* de la langue zend et *Adar* de la langue pehlevi, qui ont la signification de „feu", doivent d'abord avoir servi à exprimer l'idée d'une hauteur boisée (*Ad-Ar*), ce qui démontre suffisamment que les Aryens, les plus civilisés, ont fortement influé sur l'évolution des idées religieuses des montagnards et des habitants des forêts. Les masses modifient facilement leurs idées, pour peu que les novateurs leur laissent l'usage des expressions usitées de leur langage et de leur culte. Il n'y a que des logiciens exceptionnels qui ont le courage de se départir des formes qui cessent d'exprimer leurs idées, et du temps des Aryens les logiciens étaient de beaucoup plus rares encore que de nos jours.

La vénération des hauteurs boisées a laissé dans le Mazdéisme d'autres traces encore que la conception d'un état de pureté de la terre dû à la végétation. Il y a le Barsom et le Hom, deux objets sacrés indispensables aux prêtres lorsqu'ils officient.

Le Barsom consiste en un faisseau de branches de dattier ou de palmier, retenu au milieu par un noeud de même matière, l'Evanguin. Le Barsom doit préablement avoir été consacré par le prêtre (1).

Le Hom, un arbrisseau qui ne porte pas de fruits, très probablement la vigne sauvage (2), est considéré comme le roi des arbres (3). Le Mazdéen invoque sous le même nom un saint personnage qu'on croit être le premier Zoroastre, l'homme de Balkh, ce qui fait supposer que les ancêtres des Iraniens ont commencé à vénérer la terre boisée pendant leur séjour dans le Bakhdî.

Pendant l'office, le Dsjoudsj, ou prêtre desservant, exprime dans du lait la sève de

---

(1) Jeshts Sade LXXXIV Karde. 3 (Kleuker's Zend-avesta II 196.) (2) Kleuker's Zend-avesta III 206. (3) Boun-Dehesh XXVII (Kleuker's Zend-avesta III 105.

quelques morceaux d'une branche de Hom, après quoi le Raspi, ou prêtre officiant, boit dans un vase d'or, en présence des fidèles, ce mélange, (1) qui porte le nom de Parahom. Les cérémonies qui accompagnent cet acte de dévotion et qui sont décrites tout au long dans le Karde XIV du Vispered (2), ressemblent étrangement à celles qui s'accomplissent lors de la célébration de la messe dans les églises catholiques. Le prêtre catholique, il est vrai, remplace le parahom par un peu de vin doux, mais ce vin porte en pehlevi le nom d'amra, et ce mot a l'air d'être un dérivé de Hom. D'ailleurs, bien que le Hom ne fût qu'une vigne sauvage, sa sève pour le Mazdéen n'était pas moins sacrée, que n'était dans le culte de Bacchus et que n'est dans le culte catholique le jus des raisins du Midi. Il y a un autre point de ressemblance entre le cérémonial des deux cultes, que je ne saurais passer sous silence : Le Catholicisme a sa hostie, le Mazdéisme a son daroun, c'est-à-dire un petit pain sans levain de la grandeur d'une pièce de cent

---

(1) Vispered, Karde X (Kleuker's Zend-avesta I. 249.) (2) Kleuker's Zend-avesta I, 255.

sous et de la grosseur d'une lentille (1), que le Raspi avale, comme le prêtre catholique avale l'hostie.

Hom, en sa qualité de représentant de la végétation, est lui aussi le symbole de la force productrice, d'où on peut conclure que par suite de la permutation habituelle d'**a** en **o** Hom n'est en réalité qu'un dérivé de l'ancien *Ham*, „la chaleur fécondante". Il se convertit en langue pa-zend en *Homan* (le divin Hom), une divinité de l'Elam, et prit enfin la forme d'*Oum*, sous laquelle il devint le nom sacré de l'être adoré, pour les nations d'origine aryenne.

Une réminiscence de la vénération de l'eau dans le Çoughdâ se retrouve dans le *Zour*, l'eau bénite du Mazdéisme. Le mot Zour de la langue pehlevi est dérivé du mot zend: *Zâouere* (de Sou-Ouèré = eau-feu ou eau divin). Il a la signification de force (3), c'est pourquoi l'eau bénite, qui tient une place distinguée dans le cérémonial mazdéen représente particulièrement le caractère fortifiant de l'eau primordiale créatrice, dont

---

(1) *idem* III 206. (2) Kleuker Suppl. I. 1. 152.
(3) Kleuker's Zend-avesta III 149.

elle est le symbole. C'est d'elle qu'il est dit : „Tout vient de l'eau" (1). Le Boun-Dehesh la nomme: „l'eau fortifiante et purifiante" (2) et d'après les livres zends ce sont: „les hommes [qui] boivent le Zour" (3), en récitant les prières qui par cela même acquièrent une augmentation de force" (4).

Le Zour que vénèrent les Guèbres et que vénéraient les Aryens, leurs ancêtres, l'eau-feu, symbole de la force purifiante, est donc une conception relativement moderne qui ne rappelle que vaguement la conception du Zour vénéré par les anciens habitants du Çoughdâ qui, sous le nom de Çourya's formaient une division puissante de l'armée des Scythes orientaux de la deuxième migration. En ceci il n'y a rien d'étonnant. Quinze cents ans s'étaient écoulés entre l'arrivée de l'avant-garde et l'arrivée de l'arrière-garde des hommes du Nord qui du côté de l'Est venaient apporter à l'Asie centrale et à l'Hindoustan leur stimulant civilisateur. La

---

(1) Vendidad, Fargar XIII (Kleuker's Zend-avesta II, 362 note) (2) Kleuker. Suppl. II. 1. 138. (3) Izeshne LXXXIX, Kard 30. (4) Kleuker's Zend-avesta III 210.

marche évolutionnaire des idées avait fait bien du chemin pendant ces quinze siècles. Les Çourya's emportèrent la vénération de l'eau de leurs ancêtres, ils y restaient fidèles mais par un développement lent et régulier ils arrivaient à accorder à l'eau une origine céleste, à élever leur pensée du Sou des mers et des fleuves au Sour (Sou-Ar l'eau d'en haut), la pluie. Les Arya's au contraire ne trouvèrent dans le Çoughdâ, abandonné de l'élite de ses habitants, que des réminiscences de la vénération de Sou, recueillies par les Abii; ils ne firent qu'une station d'une courte durée dans le pays, qu'ils quittèrent pour s'établir dans le Bakhdî, la contrée à la population mixte de montagnards, de laboureurs, de chasseurs et surtout de pasteurs nomades, le milieu qui convenait à des esprits investigateurs pour arriver, par l'observation et la comparaison, à des idées générales et abstraites. Lorsque, beaucoup plus tard, ils s'établirent sur le plateau d'Iran, ils étaient déjà une nation religieuse, ils embrassaient déjà une série d'idées plus ou moins cohérentes, systématisées par un penseur de premier ordre, leur premier Zoroastre. Ils redevinrent alors les voisins de cette branche de la nation mère que pendant des siècles ils avaient perdue de vue; mais ils trouvaient bientôt que l'ancienne conformité d'idées avait cessé d'exister, que l'évolution avait pris une direction opposée même, car les Çourya's, sous l'influence de leurs relations continuelles avec les Scythes occidentaux s'étaient adonnés à l'adoration de ces animaux, qui d'abord n'avaient servi qu'à symboliser pour les nomades les forces d'en haut, siégeant dans les globes célestes. Les Iraniens virent dans ce culte moitié sidéral, moitié animal, un reniement des idées de leurs ancêtres; ces divinités sévères, hautaines, autoritaires et cruelles, devinrent à leurs yeux les émules, les ennemis des principes bienfaisants qu'ils adoraient sous le nom d'Ar-Am-As-Ad, personnification de l'idée concrète du principe du bien. Son antagoniste, résumant en sa personne les divinités malveillantes, prit alors à leurs yeux le caractère du principe du mal, auquel ils donnèrent le nom d'Angrômaînyous (Ahriman) et que les livres zends représentent comme l'esprit impur, le centre des ténèbres. „Il est venu du Nord" (1), disent-ils, „bien que, comme Aouramazda, il tire son origine du temps" (2). „Il ne vénère pas l'eau pure" (3), „il arrête même le cours des eaux et la croissance des arbres" (4). „C'est un serpent terrible et vénimeux" (5), „qui est la cause de l'hiver" (6); „sous la forme d'un serpent il sauta du ciel sur la terre, qu'il pénétra, et que d'heureuse et fertile il rendit souffrante et déserte" (7).

Cette description est assez détaillée pour qu'on puisse facilement reconnaître l'identité réelle de cet Angrômaînyous idéal. C'est la foudre, l'objet de la vénération des Ouraliens, symbolisé par le serpent, le dieu destructeur, dont les séductions avaient détourné de l'adoration des principes bienfaisants le coeur des Çourya's.

---

(1) Vendidad, Fargard XIX (Kleuker's Zendavesta II 375). (2) Boun-Dehesh I (Kleuker's Zend-avesta III 55—56). (3) Vendidad, Fargard XVIII (Kleuker's Zend-avesta II 256). (4) Jesht-Farvardin XCIII, karde 22. (Kleuker's Zend-avesta II 256). (5) Izeshne IX ha (Kleuker's Zend-avesta I 119). (6) Vendidad, Fargard I (Kleuker's Zend-avesta 299). (7) Boun-Dehesh III (Kleuker's Zend-avesta III 62—63).

C'est surtout dans le Vendidad que se révèle la haine des Aryens contre celui qui est considéré comme la personnification même du mal, et, chose digne de remarque, c'est dans le même Vendidad que la magie ou la nécromancie (des Koushites) est le plus sévèrement condamnée (1), et que la crémation, cette souillure du principe igné de la pureté, est nommée une invention d'Ahriman (2).

La guerre permanente entre les Iraniens, l'aile droite, Givangar, et les Touraniens, l'aile gauche, Bérangar, de la nation mère — les Poeriodekeschans (Hommes de la religion primitive) (3), — peut être attribuée à une foule de motifs plausibles qui surgirent de temps à autre, mais cela n'empêche pas qu'au fond et avant tout elle était une guerre de religion.

Les Iraniens, quoiqu'ennemis jurés des cultes idolâtres, ne cessaient pas pour cela de tenir en grande estime les symboles,

---

(1) Vendidad Fargard I (Kleuker's Zendavesta II. 302). (2) *idem.* (3) Izeshne I ha (Kleuker's Zend-avesta I 97).

objets d'adoration de ces cultes. Ces symboles, à leurs yeux conservaient leur caractère primitif de signes remémorateurs, de simples représentants d'idées, hiéroglyphes dans leur forme primitive. Ils avaient compris, tout comme les Çourya's, que les rayons ardents de là-haut, loin d'être projetés à travers de crévasses dans une calotte cristaline, par une masse incandescente, provenaient de certains corps célestes, de foyers mobiles pérégrinant au-dessus de leurs têtes, mais au lieu d'adorer ces centres de chaleur, ils les regardaient avec respect à cause de la lumière, leur émanation sublime, bien supérieure en valeur à la chaleur même, comme ils respectaient la chaleur à cause de sa force fécondante et purifiante, faculté qu'elle partageait avec la pluie, l'eau céleste. Ce qu'ils adoraient eux, c'était la source mystérieuse de la vie, de la lumière, de la pureté, qui se manifestait par le moyen des éléments bienfaisants, objets de vénération des races primitives que la nation Aryenne s'était assimilée.

Les Iraniens nous apparaissent dans leurs livres sacrés comme des philosophes métaphysiciens, les inventeurs de la cabale, de la casuistique et du dogme. L'idée d'un dieu incorporel, d'une âme immortelle, d'un jugement suprême, et bien d'autres idées cultivées par les peuples les plus civilisés de nos jours surgirent dans des cerveaux iraniens et formèrent la base de la religion mazdéenne, le prototype du Jéhovisme, du Christianisme et du Mohamétisme.

Les Iraniens, bien plus encore que les Mésopotamiens, s'occupaient de l'observation exacte des phénomènes de la nature. Ceux-ci s'arrêtaient à la reconnaissance des lois qui régissent ces phénomènes et devenaient astronomes; ou bien ils leur attribuaient des influences mystérieuses sur la vie animale, sur l'existence humaine et sur la destinée des peuples, ce qui les fit devenir astrologues; mais eux, Aryens pur sang; ils cherchaient à travers les forces émanentes, la force primitive, à travers les causes visibles ou cachées, l'idée abstraite de l'être, de sa vie et de son origine. D'abstraction en abstraction ils arrivèrent à se représenter l'existence comme l'effet d'une lutte continuelle entre le bien et le mal, deux principes émanés d'une volonté suprême, la pureté immaculée, la lumière rayonnante (ce *div* de la langue samskrite, qui passait dans les langues romanes, et y devenait la racine des mots qui expriment l'idée de la divinité: deus, dio ou idio, dios, dieu). Rien de matériel dans leur religion; tout y est force, esprit, idée. De statues ou de portraits pas de trace. L'idéal seul y est adoré et l'idéal est insaisissable à l'art plastique. L'homme s'efforcerait en vain de le représenter sous une forme digne de sa nature. L'Iranien n'osait pas même en faire l'essai. Bien qu'entouré de nations idolâtres, lui seul savait conserver une foi inébranlable en la puissance de la cause éternelle, du principe de la vie.

Les philosophes grecs, luttant péniblement contre le polythéisme de leurs compatriotes, constataient avec étonnement l'absence d'idées anthropomorphes parmi les Mazdéens. Cyrus, au dire de Xénophon, avait dans son armée trois chars tirés par des chevaux blancs. „Le premier char était consacré à Jupiter (Diouspater, le père rayonnant, ou divin). Les chevaux avaient un harnachement d'or et étaient enguirlandés. Le deuxième char, consacré au soleil, était également tiré par des chevaux blancs, ornés de guirlandes comme les précédents. Venait ensuite un troisième char, dont les chevaux avaient des couvertures couleur de pourpre, et derrière le char marchaient des hommes qui portaient du feu sur un grand autel" (1). Ce char était consacré à la divinité nationale, que Xénophon appelle, „la Vesta persane", une appellation significative en elle même puisqu'elle donne à entendre qu'entre la divinité nationale des Perses et la Vesta des Grecs il y avait une différence marquante, bien que le culte des deux divinités fût celui du même élément. Si les chars avaient porté des statues Xénophon n'aurait pas manqué de le dire; sa description est trop détaillée pour qu'il puisse avoir oublié de faire mention d'un fait tout naturel d'après ses propres idées religieuses. Ce qui prouve que de sa part il n'y a pas eu d'oubli c'est qu'il dit formellement que le feu, le symbole de la divinité suprême du

---

(1) Xénophon, Cyropédie VIII III.

mazdéisme, était porté sur un autel *derrière* le troisième char. Pas moyen de se tromper dans le sens de cet arrangement du cortége. Les chars vides étaient consacrés aux divinités idéales; le feu matériel, simple symbole de la divinité, venait ensuite, porté à bras. Les Perses se prosternaient devant le feu, cela est vrai, mais alors ils adoraient, non pas le symbole, mais la divinité idéale qu'il rappelait à l'esprit. Le feu flamboyant représentait ses qualités réunies, la force toute-puissante, la chaleur fécondante, la lumière qui éclaire, la pureté qui ennoblit. Au feu le Mazdéen n'offrait que des parfums (1); lui immoler des animaux eut été à ses yeux souiller le symbole de la pureté, faire un acte incompatible avec l'idée de la procréation attachée au symbole de la chaleur. Pour la même raison il ne brûlait pas ses morts (2), comme le faisaient ceux qui n'adoraient que la terre; il les ensevelissait, je l'ai dit, dans des terrains incultes,

---

(1) Kleuker. Zendbücher, Suppl. I. II 31 note 4.

(2) Xénophon. Cyropédie VIII, VII fin.

ou tout au moins dénudés (1). L'usage de la crémation et de l'enterrement remonte donc à l'époque de la vénération des éléments, et ces deux modes de disposer des corps privés de vie proviennent d'une même idée religieuse, la crainte de souiller l'élément vénéré. L'embaumement, en usage chez les Égyptiens, tout en rappelant leur culte primitif, celui des ancêtres, se rattache en même temps à celui d'*As* et d'*Asrâ*, converti en culte sidéral. Si la crémation a jamais été en usage dans le pays de Kem, elle doit y avoir été pratiquée à l'époque transitoire dont on n'a pas trouvé de monuments funéraires.

Les Iraniens considéraient l'agriculture comme l'accomplissement d'un devoir sacré que leur imposait la reconnaissance des bienfaits de la chaleur fécondante. Leur religion leur enseignait qu'en labourant la terre ils secondaient Aouramazdâ dans sa lutte contre Angrômaînyous et en ce sens

---

(1) »Brûler des morts est un acte d'Ahriman, qui ne tolère pas le passage du pont». Vendidad II Fargard I. (Kleuker's Zend-avesta I. ii. 302).

elle leur prescrivait le labourage comme un acte de dévotion.

„Dsjemshid", (le soleil resplendissant, personnifié par un roi mythique célèbre), est-il dit, „enseigna l'agriculture. Son empire est décrit comme un pays montagneux, dont l'hiver rigoureux fait place à un été fertile sous l'influence de la chaleur bienfaisante du soleil, après que les neiges fondues sont descendues des montagnes..... L'homme doit cultiver la terre et empêcher qu'une terre cultivée ne redevienne un désert et que des serpents Arimaniques ne viennent s'y établir" (1).

L'évolution des idées religieuses dans la Mésopotamie ressentit le choc du bouleversement politique qu'occasionna l'arrivée sur le plateau d'Iran de conquérants aussi religieux, partant aussi intolérants que le furent les hommes d'au-delà des monts Imaus. Les Élamites touraniens, refoulés vers l'occident, se jetèrent dans les gorges des montagnes araméennes, et y rendirent plus

---

(1) Vendidad Fargard III.

virils et plus cruels encore les cultes de Ramanou, d'Assour et de Samsi.

Les idées iraniennes trouvèrent un accueil sympathique parmi les habitants de la Basse-Mésopotamie. Leur bénignité attirait d'abord la population aimante, mais l'austérité de leur morale ne tarda pas de refroidir l'enthousiasme des adorateurs d'Amar-Oudou-Ki, une divinité déjà passablement compromise aux yeux des rigoristes orientaux. Dans la Haute-Mésopotamie au contraire les idées iraniennes pénétrèrent plus difficilement, mais une fois reçues, leur influence s'accentua graduellement. Alors se produisit le fait mémorable dans l'histoire des religions, que les mêmes idées qui par leur caractère métaphysique suscitaient la guerre fratricide des Iraniens contre les Touraniens, au-delà du Tigre, par leur sévère moralité, armaient les Soumirs, ou Tourya's de la Haute-Mésopotamie, contre les Acads, ou Koushites de la Basse-Mésopotamie, et que la même divinité qui là-bas, sous le nom d'Angrômaînyous, le principe du mal, fut vaincu par Aouramazdâ, le principe du bien, ici sous la figure du Melek, le roi farouche et cruel, quoique sévère en fait de morale sexuelle, écrasa de son poids Bel ou Ba'al, le seigneur débonnaire, mais voluptueux à l'excès.

Il est à peu près certain que la déchéance complète des idées religieuses ne se serait pas produite en Babylonie si l'empire Aryen eut su s'y maintenir, que même le niveau moral se serait graduellement élevé; mais fondé en 2500 ou 2400, (1) cet empire, après une durée de 224 ans, succomba sous les efforts réunis des Touraniens de l'Élam et des Koushites de l'Arabie. Cela eut lieu vers 2200 d'après Monsieur F. Lenormant (2), ou vers 2100 d'après Messieurs Rawlinson et Oppert (3). Il est à remarquer que Monsieur Lepsius place l'invasion de l'Égypte par les Hyqsos en l'année 2100 a. n. è., ce qui constitue une coïncidence, qui pourrait bien nous livrer la clef d'une énigme historique qui a déjà fourni matière à bien des controverses. Me fondant sur l'autorité de Messieurs Rawlinson, Oppert et Lepsius

---

(1) F. Lenormant II. 327. III. 4. (2) II. 327 Maspéro 160. (3) Maspéro 164.

je suggère l'idée que les Élamites, ou Sôs, s'allièrent à leurs compatriotes, établis en Assyrie, renversèrent l'empire arien de la Babylonie, assujettirent l'Aramée et pénétrèrent en Égypte avec une armée formidable, recrutée pour ainsi dire le long de la route. Cette armée paraît avoir été sous la conduite d'un chef, qui après avoir pris possession du Delta égyptien, s'y établit en qualité de Hyq, ou viceroi de la colonie des Sôs et conserva cette dignité jusqu'au moment où, après avoir dépossédé le prince régnant, il parvint à se faire reconnaître pharaon en sa place et à fonder une nouvelle dynastie Égyptienne (la XVIe) complètement indépendante de l'empire des Sôs de l'Élam.

Monsieur Maspéro paraît avoir pressenti que tôt ou tard on devrait arriver à la susdite solution de la question, car il dit, en parlant des migrations des peuples de l'Asie antérieure: „Une seconde transporta les gens du Pount au nord de l'Égypte. La tradition classique attribuait leur départ à de violents tremblements de terre: il me semble que la descente des Élamites en Chaldée ne dut pas y être étrangère. Ils quittèrent leur patrie et se dirigèrent vers l'Occident, entraînant à leur suite les peuples qu'ils rencontrèrent sur leur route" (1).

Mais voilà qu'au beau milieu de ce raisonnement M. Maspéro quitte la main conductrice de la logique qui lui aurait fait retrouver dans le camp des Hyqsôs du Delta, les gens du Pount qui marchèrent sur les traces des Élamites descendus dans la Babylonie et qu'il va embrasser l'opinion de M. Lenormant, qui dit:

„Les deux mots cités ici [Hyk sôs] se sont retrouvés dans les inscriptions hiéroglyphiques, le premier sous la forme „hak", désignant les chefs de tribus sémitiques, le second sous la forme „shasou", comme désignation des Bédouins. Cependant jusqu'à présent tous les monuments Égyptiens connus désignent les envahisseurs, appelés Hyksôs dans le fragment de Manéthon, par le nom de Ména (Pasteurs)" (2).

„Les Égyptiens", dit à son tour M. Maspéro, „donnaient aux tribus nomades de la Syrie, le nom de Shous, Shasou, *pillards*,

---

(1) Maspéro 161. (2) F. Lenormant I. 360.

voleurs, qui convenait alors comme aujourd'hui aux Bédouins du désert. Ils l'appliquèrent à leurs vainqueurs asiatiques; le roi des Cananéens fut dans leur bouche le roi des Shasou, Hiq-Shasou, dont les Grecs ont fait Hykoussôs, Hyksôs. Quant au peuple on l'appela d'une manière générale Mentiou, les *pasteurs*, ou Satiou, les *Arehers*" (1).

Il est très probable que l'armée des Élamites ou Sôs, qui marcha vers l'occident se soit abattue sur la Syrie, entraînant à sa suite bon nombre de pasteurs de la Haute-Mésopotamie, adorateurs de Samsi ou Shemesh, — les tribus sémitiques, dont les chefs furent désignés par le mot „hyq", retrouvé sous la forme „hak" au dire de M. Lenormant. — Le gros de cette armée mixte, après avoir assujetti la Syrie, aura traversé l'isthme de Suez — des Sôs — et se sera jeté sur l'Égypte; mais une partie se sera établie dans la Syrie méridionale et s'y sera fusionnée avec les habitants qui par suite de ce mélange prirent le nom de

---

(1) Maspéro 164.

Cananéens, c'est à dire d'adorateurs de *Ka-an*, *Ke-an*, *Ka-in* ou *Ky-oun*, l'étoile. Les pasteurs des côtes de la mer Érythrée — les gens du Pount — et ceux de la Basse-Mésopotamie auront les uns après les autres fait des migrations dans la même direction, attirés par l'exemple des tribus apparentées. De temps à autre des tribus de pasteurs syriens seront venus se joindre aux conquérants — Hyq-Sôs — qui les auront reçues comme compatriotes, coreligionnaires et alliés. Les Égyptiens auront donné à ces nouveaux venus le nom de Sôs, le nom que se donnaient à eux-mêmes les troupes d'élite de l'armée conquérante, et ils se seront habitués à l'appliquer à tous les archers et à tous les pasteurs asiatiques sans distinction. Ce nom de Sôs par la suite sera devenu synonyme de Shasou, brigands ou pillards, à cause de la haine des Égyptiens contre ces hordes étrangères qui signalaient toujours leur passage par les vols et les ravages qu'ils commettaient au détriment des laboureurs indigènes. Les documents officiels cependant, n'osant se servir de termes devenus injurieux, donnaient aux Hyq-

Sôs et aux Koushites leurs noms traduits en Égyptien : Mentiou (1), (de Men ou Mini, terme équivalent en Égyptien au titre de Hyq) et Satiou, = Koushites ou Kasdîm (Archers).

Les Bédouins de nos jours, qui ont conservé les moeurs de leurs ancêtres, paraissent être les descendants de ces nomades méprisés, qui de la Syrie venaient à toute heure infester les frontières de l'Égypte pharaonique.

En ce sens M. Maspéro a raison de dire : „Des postes placés dans les gorges de la montagne protégèrent les ouvriers contre les tentatives des Bédouins..... De toutes ces tribus, celles qu'ils connaissaient le mieux, pour avoir souvent à repousser leurs incursions, étaient celles des *Sitiou* ou *Shasou*, pillards effrontés, ainsi que l'indique le nom qu'ils se donnaient à eux-mêmes (2). Répandus sur les frontières de

---

(1) Ce nom de *Mentiou* peut aussi être une corruption de *Man-Sôs* ou *Man-Shous*, un nom que porte encore une nation tatare.

(2) Ils se seront nommés *Satiou*, archers, mais le nom à peu près consonnant de Shasou ne

l'Égypte et de la Syrie, à la lisière du désert et des terres cultivées, ils vivaient comme les Bédouins d'aujourd'hui, sans demeure fixe, moitié de pillage, moitié du profit de leurs maigres troupeaux. Quelques uns de leurs royaumes, celui d'Édom par exemple, étaient fréquentés des marchands égyptiens et servaient de refuge aux bannis" (1).

Les Hyqsôs primitifs sont représentés sur les monuments égyptiens avec les yeux bleus et les cheveux blonds, ce qui prouve qu'ils appartenaient à une nation septentrionale, et que partant ils étaient bien les descendants de ceux qui du Çoughdâ étaient venus s'emparer du pays d'Élam, et qui s'y maintenaient jusqu'à ce que les Iraniens vinrent les refouler vers l'Occident.

Il n'y a donc plus de doute possible si Manéthon était bien renseigné lorsqu'il disait que ce furent les Sôs qui envahirent l'Égypte

---

peut leur avoir été donné que par les Égyptiens, pour les insulter.

---

(1) Maspéro 101—102.

et y fondérent la XVᵉ dynastie, tandis qu'ailleurs il dit que les Assyriens, après s'être établis en Assyrie par droit de conquête, vinrent étendre leur empire jusque sur l'Égypte.

La prépondérance des Soumirs dans la Mésopotamie peut très bien dater de l'époque de la migration élamite qui refoula vers la Syrie les habitants du Pount, et cette prépondérance, de concert avec le nouveau milieu — une contrée montagneuse sous la dépendance immédiate de l'influence scythe — peut avoir causé la conversion d'une nation acadéenne ou koushite aux idées religieuses de la race guerrière.

Les Égyptiens ne tardèrent pas à se convaincre du rapport intime qui existait entre leurs vainqueurs Sôs et les anciens usurpateurs de leur pays, les Scythes; la conformité entre les cultes que leur apportèrent les deux corps d'armée ne leur laissait pas le moindre doute à cet égard. Le Soutekh des Hyq-Sôs, bien que modifié dans le cours des ans, avait gardé assez de traits originaux pour qu'il pût être reconnu pour la même divinité qui sous le nom de Seth avait anciennement été introduite dans le Delta par la nation guerrière des géants du Nord, s'y était confondue avec le Tebh indigène, y avait été prépondérante, mais avait à la longue perdue sa considération et s'était vue refouler à travers le pays jusqu'à ce qu'elle finit par être reléguée dans l'Éthiopie. Se retrouvant une fois de plus dans un pays montagneux le culte de Seth se remit à fleurir, et lorsqu'à l'arrivée des Hyq-Sôs l'Égypte entière fut frappée d'une frayeur subite qui se convertit bientôt en une profonde aversion, la population de l'Éthiopie, pour la plupart nomade, fut transportée d'allégresse. „Le roi Aso (1) de l'Éthiopie", dit Plutarque (2), „envoya 72 satellites pour aider Typhon à conquérir le royaume d'Osiris", une forme mythique pour rappeler le fait que les Éthiopiens firent cause commune avec les Hyq-Sôs, lorsque les archers et les nomades alliés

---

(1) Encore un nom dérivé de la racine „As", le feu.

(2) d'Isis et d'Osiris XXXI.

envahirent le territoire des agriculteurs égyptiens. Les adorateurs du feu céleste malfaisant, disséménés parmi les sujets des pharaons, qu'en leur qualité de vaincus ils servaient comme esclaves, se joignirent aux conquérants. L'Égypte ne put résister contre ce bouleversement complet occasionné par l'invasion secondée d'une émeute, et elle tomba au pouvoir des nomades et des montagnards. Le culte de Seth, sous la forme de Soutekh, supplanta alors le culte des divinités débonnaires, et les rois pasteurs prirent les rênes du gouvernement. „Les nouveaux venus", dit M. Maspéro, „trouvaient établis sur les bords du Nil, des hommes de même race qu'eux, tournés en Égyptiens, il est vrai, mais non pas au point d'avoir perdu tout souvenir de leur langue et de leur origine. Ils furent accueillis avec d'autant plus d'empressement que les conquérants sentaient le besoin de se fortifier au milieu d'une population hostile. Le palais des rois s'ouvrit plus d'une fois à des conseillers et à des favoris asiatiques; le camp retranché d'Hâouârou enferma souvent des recrues syriennes ou arabes" (1). M. Maspéro, qu'on se le rappelle, n'admet ici qu'une parenté entre des branches de la nation des Koushites, mais cela n'empêche pas que ses paroles s'appliquent avec une force égale à la logique des faits qui m'induit à trouver dans l'élément scythe le lien de parenté dont il parle. Il est donc incontestable que ce lien exista entre les Hyq-Sôs et les adorateurs de Seth ou Sît, une divinité décidément scythe. Si les Sôs n'avaient pas trouvé en Égypte et surtout en Éthiopie et en Nubie un élément séthite assez puissant et s'ils avaient introduit dans le pays conquis un culte étranger et à peu près inconnu, leur Hyq Apepi se serait bien gardé de proposer à Raskenan Ta Ier, roi de Thèbe, de joindre l'adoration d'Amoun-Râ à celle de Soutekh et de faire de ces deux religions réunies la religion officielle et unie de toute l'Égypte (2). Or quel était ce dieu Soutekh ou plutôt Southkou? M. C. P. Tiele prétend

---

(1) Maspéro 165—166.
(2) C. P. Tiele 94. Maspéro 168.

que „Soutech est le nom altéré de Seth, par l'adjonction d'un suffixe quelquefois usité en Égyptien, très commun en Ethiopien. Cette forte était sans doute plus facile à prononcer que le nom primitif pour les envahisseurs et se rapprochait probablement davantage du nom de leur dieu national Çedek ou Sydyk, divinité que nous retrouverons plus tard en Phénicie et en Canaan" (1).

Southkou, Southk et Soutech, sont des formes modifiées ou corrompues de Seth, — cela est assez admissible; mais pour arriver de Seth à Southk la prononciation du nom doit avoir passé par les formes transitoires de Sôs et de Sous. Ces deux formes appartiennent aux idiomes des Scythes orientaux, et ont dû avoir été introduites en Égypte par les immigrants de la deuxième et de la troisième migrations, les hommes d'Hor et les Hyq-Sôs. Sous l'influence de la prononciation égyptienne elles ont subi la modification en Southk, une forme qui ne paraît

---

(1) C. P. Tiele, 94.

que sur les monuments égyptiens qui datent de la dernière période de la domination des rois pasteurs. Monsieur Tiele lui-même reconnaît l'origine égyptienne de cette dernière forme, puisqu'il l'attribue à „l'adjonction d'un suffixe quelquefois usité en Égyptien, très commun en Éthiopien", cependant, non content d'avoir retrouvé l'évolution philologique du nom de la divinité adorée par les Hyq-Sôs, il détruit son travail étymologique en prétendant que les conquérants asiatiques ont adopté la corruption égyptienne parceque cette forme leur „était sans doute plus facile à prononcer que le nom primitif et se rapprochait probablement davantage du nom de leur dieu national Çedek ou Sydyk". Ce raisonnement démontre que Monsieur Tiele s'imaginait que le nom primitif „Seth" était originaire de l'Égypte, et qu'il n'a pas compris que les Sôs qui envahirent l'Égypte sous la conduite de leur Hyq étaient les descendants de la grande nation des Scythes, dont la divinité primitive s'appelait Sîs ou Seth aux monts Oural et Sôs aux monts Imaus. Le savant se trompe également en prétendant que les Sôs adoptèrent la prononciation corrompue des Égyptiens, parceque „le nom se rapprochait davantage du nom de leur dieu Çedek ou Sydyk". Il n'est pas impossible que le nom Southk soit la racine des mots Çedek et Sydyk, qui prirent à la longue la signification de „juste", et devinrent l'appellation favorite de la divinité sévère, terrible même, des habitants de la Syrie septentrionale, mais je n'ai trouvé aucune trace d'un dieu Çedek ou Sydyk, dont l'adoration remonte à une période antérieure à celle de la conquête de l'Égypte par les Hyq-Sôs.

L'origine du culte de Çedek parmi les Phéniciens devra être cherchée après la date de l'expulsion des Hyq-Sôs sous Ahmos I, le fondateur de la XVIIIe dynastie, vers l'époque où les descendants égyptianisés des conquérants asiatiques vinrent se réfugier en Syrie et s'y confondre avec les colons mésopotamiens qu'ils y trouvèrent déjà établis. Cette nouvelle migration paraît avoir suivi la grande route entre les deux rangées de montagnes, tandis que son arrière-garde marcha vers le Nord par la route du désert, puisque les Philistins échappèrent à l'influence des idées religieuses introduites dans la Syrie par les tribus qui revenaient de l'Égypte. Les événements de de cette époque de l'histoire dépassent le cadre de mon introduction; j'y reviendrai dans le corps de l'ouvrage.

TITRES DÉTAILLÉS ET ÉDITIONS DE QUELQUES OUVRAGES CITÉS DANS CETTE ÉTUDE.

DIODORE DE SICILE. Bibliothèque historique, traduction Fred. Hoefer. 4 vol. in-18º. Paris 1846.

FORTIA D'URBAN (le Marquis de). Histoire anté-diluvienne de la Chine, ou Histoire de la Chine jusqu'au déluge d'Yao, l'an 2298 avant notre ère. 2 vol. in-18º. Paris 1840.

HERBELOT (d'). Bibliothèque orientale, in folio. Maestricht 1776.

JUSTIN. Oeuvres complètes, traduction Pierrot et Boitard, revue par Pessonneaux, in-18º. Paris 1862

KLEUKER, (J. F.). Zend-Avesta, Zoroasters lebendiges Wort, etc. 6 vol. in-4º, Riga 1786.

LENORMANT, (F.). Manuel de l'Histoire ancienne de l'Orient. 3 vol. in-18º. Paris 1869.

MAJER, (F.). Algemeines mythologisches Lexicon. 2 vol. in-8º. Weimar 1804.

MASPÉRO (G.). Histoire ancienne des Peuples de l'Orient. in-18º. 4ᵉ Edition. Paris 1886.

MULLER, M. A. (F. Max). Lectures on the Origin and Growth of Religion as illustrated by the Religions of India. in-8º. Londres 1878.

PLUTARQUE (Oeuvres morales de), traduites du grec par Ricard. 5 vol. in-18º. Paris 1844.

TIELE, (C. P.). Histoire comparée des anciennes Religions de l'Égypte et des Peuples sémitiques, traduction Colins. in-8º. Paris 1884.

Imprimerie de G. J. Thieme à Arnhem.

N⁰. 81.

Publications de la Maison R. C. MEIJER, Damrak 97 à Amsterdam.

ABLAING VAN GIESSENBURG (R. C. D') Algemeene Dienstplicht, in 12^0 . . . . ƒ 0.25

———————————————— Évolution des idées religieuses dans la Mésopotamie et dans l'Égypte . . . . » 2.50
    Voir *Rudolf Charles*.

BOTTONI (Dr. A.) van Genua naar Batavia, (herinneringen van een proefreis heen en terug langs de mailroute) uit het Italiaansch door Mevr. de Graaff-Holtrop, in 12^0. . . . . » 2.—

BROOKSBANK (W.) De openbaring getoetst aan de Natuur en de Rede in 12^0 . . » 0.90

CICCOLINI (Mevr.) De diepe Ademhaling. » 0.75

Curiositeiten van allerlei aard.

N^0.	1.	Canards	» 0.30
»	2.	Zonderlinge Advertentiën .	» 0.30
»	3.	Curieuse Documenten . .	» 0.30
»	4.	Anecdoten	» 0.30
»	5.	Drukfouten	» 0.30
»	6/7.	Koopjesgevers	» 0.60
»	8/9.	Geheimzinnige Personen .	» 0.60
»	10.	Flaters in en over Boeken	» 0.30
»	11.	Zonderlinge Testamenten .	» 0.30
»	12/13.	Het Toneel	» 0.60
»	14.	Van den Kansel	» 0.30
»	15.	Geestige Gezegden . . .	» 0.30
»	16.	Voorbeelden van verstrooidheid	» 0.30
»	17.	Vreemde eigenschappen van Menschen	» 0.30
»	18/19.	Letterkundige Kunststukjes. — Poëzie	» 0.60

N⁰. 20.	In de Gerechtszaal. . . .	ƒ 0.30
» 21.	Hoge Ouderdom	» 0.30
» 22/23.	In de Schouwburgzaal . .	» 0.60
» 24/25.	Curieuse gebruiken . . .	» 0.60
» 26.	Letterkundige Kunststukjes. — Proza	» 0.30
» 27.	Grote Gevolgen van kleine Oorzaken	» 0.30
» 28.	Letterkundige Bedriegerijen.	» 0.30
» 29/30.	Zonderlinge Strafbepalingen	» 0.60
» 31.	Op de Planken	» 0.30
» 32/33.	Rare Snaken	» 0.60
» 34.	Een paar Staatsstukken . .	» 0.30
» 35/36.	Dwergen	» 0.60
» 37.	Grafschriften	» 0.30
» 38/39.	Haar en Baard	» 0.60
» 40.	Op de Planken (Vervolg en Slot)	» 0.30
» 41/42.	Hofnarren	» 0.60
» 43/44.	Oud-Nieuws	» 0.60

ELIAKIM. (le Cte. M. Gruau de la Barre) L'Evangile primitif, in 8⁰. . . . . . . » 1.50

ERDAN (ALEX.) La France mystique. 2 vol. in-12⁰ avec préface par Ch. Potvin et portraits . . . . » 3.50

Cet ouvrage donne des détails très-intéressants sur Swédenborg. — Les Tourneurs de Table. — La Part du Diable. — Coëssin. — L'Abbé Chatel. — Vintras. — Cheneau. — Monsieur Madrolle. — L'Ex-Abbé Constant. — Buchez. — Les Frères Moraves à Paris. — Les Baptistes. — L'Église Évangélique. — Irwing. — Les Mormons. — Wronski. — Towianski et Mickiewiez. — Lamennais. — Ballanche. — Saint-Simon. — Enfantin. — Pierre Leroux. — Jean Reynaud. — Fourier. — V. Considérant. — V. Hennequin. — Cabet. — Ganneau. — Fusionisme. — Les Légumistes français. — Collins. — Eugène Pelletan. — Auguste Comte. — Renouvier. — Fauvety, etc. — La première édition a été saisie à Paris.

GEYTER (J. DE), Hendrik en Rosa, Poëzie, in 12⁰	ƒ 0.60
Herleiding van Guldens in Francs	» 0.15
HUGO (VICTOR), Napoleon le petit, in 12⁰	» 1.—
MESLIER, Curé d'Etrepigny et de But (Le Testament de Jean), 3 vol. in-8⁰ avec une préface par R. C. d'Ablaing van Giessenburg	» 10.50

C'est la seule édition complète de ce curieux ouvrage, si fameux au XVIIIe siècle par les extraits qu'en ont publiés Voltaire, le B^{on}. d'Holbach et S. Maréchal.

La préface donne un aperçu du mouvement rationaliste actuel en Hollande, un essai sur la vie et les oeuvres du Curé Meslier etc. etc.

MESSINE (Mme. J. LA), La Papauté, in 8⁰	» 0.25
MULDER en DE GAVERE, Opmerkingen en Gedachten over Zaken van Algemeen Belang. N⁰. 2, 3, 4.	» 0.90
RUDOLF CHARLES (R. C. d'Ablaing van Giessenburg) Het Verbond der Vrije Gedachte, in 8⁰	» 1.50
———— De Tijdgenoot op het Gebied der Rede, in 8⁰	» 1.50
———— De Rechtbank des Onderzoeks, in 8⁰	» 0.75
———— *De bovenstaande werken te zamen in één deel*, onder den titel van: *Een Bliksemschicht der XIXe Eeuw*, met portret van R. Owen, enz. enz.	» 3.—
———— Zedekunde en Christendom, in 8⁰	» 0.15
———— enz. De Omnibus, Jaarboek aan	

de Algemeene Belangen gewijd, 192 bladz. in-4⁰, op twee kolommen . . *f* 1.—
RUDOLF CHARLES, FLOOR FLORENSSE en MATTHEUS, Recht door Zee. Maandschrift tot Bespreking van zedelijke en maatschappelijke Vraagstukken van een vrijzinnig standpunt 1882/3 en 1883/4. 2 dln. in-4⁰ op twee kolommen. » 5.—
SAINT-SIMON. Het nieuwe Christendom, in 8⁰ . . . . » 0.50
——————— (De Leer van), ontvouwd door Enfantin, enz. in 12⁰ » 2.50
SERON, (J. L. LAMBERT), Paradoxes d'un Docteur Allemand, in 8⁰ . . . . . » 1.—
TUUK (Dr. H. N. VAN DER), Taco Roorda's beoefening van 't Javaansch bekeken. » 0.75
——————————— Hikajat Bibi Sabarijah in 12⁰ . . . . » 0.35
UNITARIUS, Le Feu Sacré, in 32⁰ . . » 0.15
VIVÈS (H. DE), Les petits Livres de la Rue de Fleurus, in 8⁰. . . . . . » 0,60
Vloekbewind van Engeland in Hindostan (Het), in 12⁰ . . . . » 0.75
VOLTAIRE. Gewigtig Onderzoek van Lord Bolingbroke . . . . » 1.—
WOLOWSKI. Staathuishoudkunde in 12⁰ » 0.40

MAISON R. C. MEIJER.
EXTRAIT DU CATALOGUE.

ELIAKIM (le Cte M. Gruau de la Barre). l'Evangile primitif. in-8° . . . . . Fr. 3.—

ERDAN (Alex.). La France mystique. 2 vol. in-18° avec portraits. . . . . . . Fr. 7.—

MESLIER, Curé d'Étrepigny et de But (Le Testament de Jean). 3 vol. in-8 . Fr. 22.50

MESSINE (Mme J. la). La Papauté. in-8°. Fr. 0.50

SERON (J. L. Lambert). Paradoxes d'un Docteur allemand. in-8°. . . . . . . Fr. 2.—

UNITARIUS. Le Feu sacré. in-32°. . Fr. 0.30

VIVÈS (H. de). Les petits Livres de la Rue de Fleurus. in-8 . . . . Fr. 1.25

www.ingramcontent.com/pod-product-compliance
Lightning Source LLC
Chambersburg PA
CBHW071947110426
42744CB00030B/629